KB054048

NH투자증권&매경이코노미와 함께하는
대한민국 직장인 은퇴백서

대한민국 직장인 은퇴백서

NH투자증권&
매경이코노미와 함께하는

100세시대연구소 지음

매일경제신문사

NH투자증권 100세시대연구소장 박진

우리 사회가 지난 2017년 65세 이상 인구 비중이 14%를 넘어서는 고령사회에 진입했다. 2017년 기준 최빈사망연령은 88세에 달하며, 전체 인구의 기대수명도 2019년 기준 83세에 달하고 있다. 지난 70여 년간 한국인의 기대수명이 약 35년 늘어날 만큼 건강수명은 빠르게 증가하고 있는 가운데, 우리 사회에서는 노인빈곤이 중요한 사회적 문제로 거론되고 있다. 경제협력개발기구(OECD)에 따르면, 한국의 노인빈곤율은 고령인구의 거의 절반에 달하는 45.7%로 OECD 평균 13.5%를 크게 웃돌며 OECD 회원국 가운데 가장 높은 것으로 조사

된 바 있다.

당 연구소의 설문조사에 따르면, 우리 중산층의 가장 큰 걱정거리는 모든 연령대에서 '노후불안'이었으며, 재무적 노후준비 수준은 목표의 약 58%에 불과한 것으로 나타났다. 이것도 부부 기준 희망 월 노후생활비를 약 230만 원으로, 대략 59.2세에 주 직장에서 은퇴해 81.8세까지 노후를 보낸다는 상당히 제한적인 가정을 전제로 하고 있다. 머지않은 시점에 최빈사망연령이 90세를 넘어서 100세에 근접하게 될 것임을 감안하면 우리 중산층의 실제 노후준비 수준은 40%에도 미치지 못하는 것으로 볼 수 있다. 이렇다 보니 '은퇴 후 예상되는 소득계층'에 대해 51.2%가 빈곤층이라 답하고 있는데, 수치상으로만 본다면 한국의 높은 노인빈곤율과 일맥상통하는 부분이기도 하다. 경제수명이 늘어난 기대수명에 미치지 못해 소위 '장수리스크'가 매우 커지고 있다.

이와 같이 부실한 노후준비는 자녀 교육비와 주거비용 등 가계의 높은 비용지출구조에 기인한다. 사회적 현상에 의한 고비용 구조라는 점도 부인할 수는 없으나, 근본적으로는 계획적인 노후 재무설계를 하지 않고 있기 때문에 나타난 결과로 볼 수 있다. 보험연구원의 조사에 따르면, 20세 이상 성인이 노후를 경제적으로 대비하고 있는 비중은 54.1%에 그쳐 절반에 가까운 사람들이 노후준비를 하지 않고 있는 실정이다.

'100세 시대'가 리스크가 아닌 축복이 되려면 기대수명만큼 경제수명을 늘려야 한다. 설사 은퇴 시점이 가까워졌다 하더라도 이미 늦었다고 포기할 수 없는 것이 노후준비다. 1) 현재 보유자산에 대한 철저한 재무평가와 이를 바탕으로 노후를 위한 재무적 목표를 설정하며, 2) 현재의 소비구조에 대한 평가와 합리화를 진행하고, 3) 국민연금 · 퇴직연금 · 개인연금 등 3층 연금 구축을 기본으로 중장기적인 관점에서 적절한 보유자산 배분과 적정한 자산운용을 통해 차곡차곡 노후준비를 해간다면, 우리의 노후는 우려만큼 걱정스럽지 않을 수 있다. 노후준비, 하루라도 빨리 시작해야 하며 지금이 가장 빠른 시점이다. 이에 NH투자증권 100세시대연구소가 행복한 노후를 위해 직장인이 반드시 알고 실행해야 할 10가지 사항을 짚어본다.

목차

100세

80세

60세

40세

1

NH투자증권과
함께하는 은퇴백서

길어지는 '소득절벽'…
현금흐름에 소비 맞춰라

[NH투자증권 100세시대연구소 **김진웅** 부소장]

대 한 민 국
직　장　인
은 퇴 백 서

한국은 급격한 고령화로 노후빈곤이 사회적 문제로 대두됐다. 경제협력개발기구(OECD)에 따르면 2016년 기준 한국의 65세 이상 인구의 상대적 빈곤율은 45.7%로 OECD 회원국 가운데 가장 높은 것으로 조사됐다. OECD 평균은 13.5%에 불과하다. 하지만 자녀 교육비와 주택 마련 자금 등을 위해 당장 필요한 지출을 하다 보면 노후를 따로 준비하기가 만만치 않다. 보험연구원의 '2018 보험소비자 설문조사'를 보면 20세 이상 성인이 노후를 경제적으로 대비하고 있다는 응답은 54.1%에 그친다. '100세 시대'가 리스크가 아닌 축복이 되려면 하루라도 빨리 노후를 준비해야 한다. 이에 매경이코노미가 NH투자증권 100세시대연구소와 함께 똑똑한 은퇴비법을 제안한다.

– 매경 이코노미 배준희 기자

2019년 3월 통계청에서는 '2017~2067년 장래인구특별추계'를 발표했다. 5년 주기로 산출되는 장래인구추계는 원래 2021년에 발표돼야 하지만 고령화·저출산 등 긴박하게 변화하는 인구 상황을 반영해 특별추계를 단행했다.

가파른 고령화 진행 중인 한국

국가	고령사회 (7→14%)	초고령사회 (14→20%)
대한민국	18년	6년
일본	24년	12년
미국	71년	15년
프랑스	115년	41년
독일	47년	45년

자료: OECD, 통계청, NH투자증권 100세시대연구소

2000년 65세 이상 고령인구 비율이 7%가 넘는 고령화사회에 진입했던 우리나라는 18년 만에 고령인구가 14% 이상이 되는 고령사회로 접어들었다. 이전까지 고령사회로 가장 빠르게 진입한 일본의 경우에도 24년이 걸렸는데 이보다 무려 6년이나 빠른 속도다. 심지어 다시 7년 뒤인 2025년에는 고령인구 비율이 20%가 넘는 초고령사회로 진입할 전망이다. 우리나라 사람 5명 중 1명은 65세 이상 노인이 되는 셈이다.

고령화의 1차적인 원인은 무엇보다 장수인구 증가에 있다. 기대여명(0세 출생자가 앞으로 생존할 것으로 기대되는 평균 생존 연수)

만 봐도 1999년 75.5세에서 2017년 82.7세로 빠르게 증가하고 있는 중이다.

그런데 기대여명은 사고나 질병 등으로 조기 사망하는 경우도 반영되는 수치기 때문에 실질적인 장수 추이를 파악하기 위해서는 '최빈사망연령'을 살펴봐야 한다. 최빈사망연령이란 한 해 동안 사망자 중 가장 빈도가 많은 나이를 말한다. 1999년 당시 82세던 우리나라의 최빈사망연령이 2017년 88세까지 높아졌다. 이런 추세로 간다면 2025년에는 약 90세에 이를 것으로 예상된다. 최빈사망연령이 90세를 넘어설 때 보통 '100세 시대'라고 지칭한다. 이제 우리나라 사람들에게 100세 시대란 결코 다른 나라 이야기나 머나먼 미래가 아닌 바로 코앞에 닥친 현실이다.

이에 따라 정부 당국을 중심으로 노인 연령 기준 상향에 대한 논의도 본격화되고 있다. 2019년 2월 대법원이 육체노동자의 정년 기준을 60세에서 65세로 상향한다는 판결을 내렸다. 보건복지부도 최근 한발 물러서기는 했어도 2019년 4월 노인 외래정액제를 장기적으로 조정하는 안을 검토한다고 밝혔다.

높아지는 기대수명

(단위: 세)

─○─ 최빈사망연령   ─○─ 기대수명(0세)

	1999년	2020년	05	08	11	14	17
최빈사망연령	82	84	84	85	86	87	88
기대수명	75.5	76.8	78.2	79.6	80.6	81.8	82.7

자료: 통계청, NH투자증권 100세시대연구소

길어지는 노후생활기간

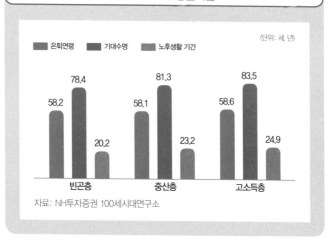

(단위: 세, 년)

■ 은퇴연령   ■ 기대수명   ■ 노후생활 기간

	빈곤층	중산층	고소득층
은퇴연령	58.2	58.1	58.6
기대수명	78.4	81.3	83.5
노후생활 기간	20.2	23.2	24.9

자료: NH투자증권 100세시대연구소

노후 소득절벽 최소 30년

저금리 등 자산증대 힘들어
장기적 관점 노후준비 절실

이 같은 흐름은 노인의 기준을 기존 65세에서 70세로 상향해야 한다는 사회적 논의와 궤를 같이한다. 이것은 기본적으로 기대수명과 일할 수 있는 건강수명이 길어진 데서 빚어진 결과다. 국내에서 노인의 기준을 65세로 사실상 규정한 것은 1981년 노인복지법이 제정되면서다. 당시 우리나라 국민의 기대수명은 66세에 불과했다. 그러나 최근 기대수명은 83세로 높아져 노인의 기준이 현실적이지 못한 상황이 됐다.

상황이 이러함에도 사람들의 장수에 대한 인식 변화는 생각보다 더디게 진행되고 있다. NH투자증권 100세시대연구소에서 중산층을 대상으로 조사한 설문에 따르면 대부분의 사람이 자기수명을 81세 정도로 예상한다.

기대여명과 큰 차이가 나는 수치는 아니지만 최빈사망연령과는 10년에 가까운 차이가 존재한다. 물론 예상 답변인 만큼 숫자 자체에 차이가 나는 것이 큰 문제가 되지는 않는다. 하지만 결국 수명은 노후생활 기간에 직접적인 영향을 미치는 요소라는 점을 인식해야 한다.

예를 들어 60세 은퇴, 80세 사망을 가정했을 때 노후생활 기간은 20년이 되지만, 사망 시점이 90세로 늦춰진다면 노후생활 기간은 30년으로 10년이 더 늘어난다. 살아 있는 동안에는 지출이 필수적이므로 노후 기간이 늘어난 만큼 노후자산도 더 많이 필요해진다. 준비한 노후자산이 많지 않다면 예상보다 더 오래 살게 되는 경우에 생활비가 부족해지는 기간이 발생하므로 재무적인 관점에서 보면 장수에 따른 위험, 즉 '장수 리스크'가 생긴다고 할 수 있다.

장수가 인구구조에만 영향을 미치는 것이 아니다. 고령사회를 거쳐 초고령사회로 넘어갈수록 사회의 경제적인 활력이 떨어지고 국가적으로는 저성장 국면에 들어갈 수밖에 없다. 줄어든 경제 활력은 다시 지금리 등으로 연결되면서 개개인 입장에서는 자산 증대를 어렵게 하는 주요 요인이 된다. 과거 성장시대의 금리와 현재의 금리 수준을 비교해보면 특별한 이견이 없을 것이다.

노후생활 기간은 늘어만 가는데 노후자산을 만들어내기가 갈수록 힘들어지는 진퇴양난의 모습이다. 장수가 축복이 되기 위해서는 일정 수준 이상의 경제적인 기반, 즉 노후자산이 밑받침돼야 한다. 누구나 예상보다 오래 살게 될 100세 시대를 대비해서 장기적인 관점의 노후준비가 반드시 필요한 상황이다.

안정적인 노후준비를 위해서는 시간적인 여유를 갖고 자신이 원하는 은퇴생활을 직접 설계해봐야 한다. 재무적인 설계는 물론이고 가능하다면 일과 사회적 관계, 취미, 여가 등도 미리 고민해보는 것이 좋다. 일단 재무적인 부분만 이야기하자면 평소 소비 행태를 감안해 자신에게 필요한 적정 노후생활비가 어느 정도인지 추정해보자. 보통 250만 원 안팎으로 많이 얘기하지만 이는 평균적인 수준일 뿐 막상 따져보면 예상보다 더 많이 필요할 수도, 더 적게 필요할 수도 있다.

그 후에 희망하는 생활비를 3층 연금을 통해 어느 정도 충당할 수 있는지 체크해보고 부족한 부분이 있다면 시간을 갖고 보완해가야 한다. 노후준비를 방해하는 요소도 점검해보자. 자녀 교육비나 주택 구입비 등에 무리한 진행은 없는지 확인해봐야 한다.

특히 앞으로는 현재보다 길어질 소득 공백기를 대비해야 하고 보다 철저한 노후자산관리(노후 재무설계)를 해야 한다. 노후자산관리의 핵심은 소비지출과 자산배분을 얼마나 합리적으로 할 수 있는가에 있다. 주된 직장에서의 은퇴는 자산축적기에서 자산인출기로 전환되는 것이기 때문에 보유자산 인출 속도를 최대한 늦추는 동시에 안정성을 전제로 보유자산을 증식하는 데에도 신경을 써야한다. 현금흐름이 부족하지 않다면 괜찮다. 만약 부족하다면 생활비를 최대한 압축하는 소비 합리화를 해야 한다. 현금흐름 비교와 소비 합리회 과정은 주기적으로 점검할 필요가 있다.

노후준비를 시작하기 좋은 시점은 바로 지금이다. 더 이상 미루지 말고 안정적인 노후생활을 하는 자신의 모습을 꿈꾸며 조금씩이라도 준비해간다면 누구나 행복한 100세 시대를 누릴 수 있다.

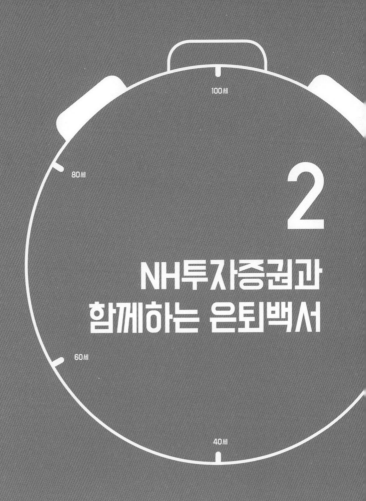

100세

80세

60세

40세

2

NH투자증권과
함께하는 은퇴백서

노후생활비, 얼마면 될까
60세 은퇴자 부부 30년간 8억 원 필요

[NH투자증권 100세시대연구소 **김은혜** 책임연구원]

대 한 민 국
직   장   인
은 퇴 백 서

노후에 평범한 생활을 유지하려면 어느 정도의 생활비가 필요할까. 국민연금연구원에 따르면 우리나라 중고령자들은 매달 적정 노후생활비로 부부 기준 평균 243만 원, 개인 기준 평균 154만 원이 필요하다고 생각하는 것으로 나타났다. 여러 사람의 생각을 평균한 금액이기 때문에 정작 개인의 목표금액과는 다를 수 있지만, 많은 사람 의견이 담긴 숫자라는 측면에서 참고할 만한 가치는 있다. 이 금액을 단순하게 그대로 적용해 은퇴 후 20년의 생활을 가정하면 대략 5억 8,320만 원, 30년을 가정하면 8억 7,480만 원의 노후자금이 필요하다는 계산이 나온다.

그러나 실제 개인별 은퇴설계를 할 때에는 단순하게 평균 노후생활비를 그대로 활용하지 말고 본인의 생활 스타일을 반영한 후 추정해야 한다. 적정 노후생활비 243만 원은 그저 평균값에 불과하다. 그 이상이 필요한 사람도 있겠지만, 이 이하 금액으로도 노후생활이 가능한 경우도 많다. 일반적으로는 은퇴 전 생활비의 70% 정도를 적정 노후생활비로 계산한다.

필요 노후자산을 구할 때 또 한 가지 유의사항이 있는데, 노후생활비가 사망 시점까지 동일하게 들어가는 것이 아니라 나이가 들어감에 따라 줄어든다는 점이다. 실제 소비통계를 분석해보면 연령대가 높아질수록 소비금액이 줄어든다. 배우자 사망이나 활동성 감소 등이 반영되면서 은퇴 직후 노후생활 초기에 들어가는 생활비 수준이 동일하게 유지되지 않기 때문이다. 희망 노후생활비를 기준으로 60세부터는 기존 활동성이 유지된다고 가정해 100%를 적용하고, 70세부터 10년간은 약간 줄어든 70%를, 80세 이후로는 은퇴 시점 노후생활비의 50%를 적용해 계산해도 사용할 노후자산은 크게 부족하지 않을 것이다.

적정 노후생활비 243만 원과 평균 은퇴연령(60세)을 기준으로 연령대별 비용 감소 추세를 가정하면, 20년간 필요한 노후자산은 4억 9,570만 원, 30년간 필요한 노후자산은 6억 4,150만 원이 나온다. 노후생활비 감소 추세를 반영하지 않을 경우 (20년간 필요한 노후자산 5억 8,320만 원, 30년간 8억 7,480만 원)에 비해 필요 노후자산 부담이 크게 줄어든다. 좀 더 단순화된 방식으로 생각해보면 목표 노후자산은 노후생활비의 감소 추세를 반영하지 않을 경우, 총 필요 노후자금(월 노후생활비×12개월×총 노후생활 기간)의 70% 정도를 잡으면 적당한 수준이라 할 수 있다. 물론, 목표 노후자산이 많으면 많을수록 좋겠지만 지나치게 높은 목표는 오히려 노후준비를 포기하게 만드는 부작용을 만들어낼 수 있다.

　필요 노후자산이 계산되면, 현재까지 준비한 노후준비자산을 점검하고 부족한 노후자산을 보완해가야 한다. 보통 노후준비자산은 3층 연금과 연금 외 보유 중인 노후용 금융자산을 포함한다. 이 중 3층 연금은 국가에서 운영하는 국민연금(또는 공무원·사학·군인연금)이 1층, 2층은 회사에서 운영하는 퇴직연금, 3층은 개인적으로 납입하는 개인연금을 의미한다. 금융감독원에서 제공하는 통합연금포털(100lifeplan.fss.or.kr)을 이용하면 본인의 3층 연금 정보를 전체적으로 쉽게 확인할 수 있다.

나이에 따른 소비패턴과 지출금액의 변화

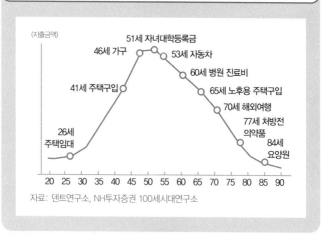

(지출금액)

51세 자녀대학등록금
46세 가구
53세 자동차
60세 병원 진료비
41세 주택구입
65세 노후용 주택구입
70세 해외여행
77세 처방전 의약품
26세 주택임대
84세 요양원

20 25 30 35 40 45 50 55 60 65 70 75 80 85 90

자료: 덴트연구소, NH투자증권 100세시대연구소

연령대별 노후생활비

*2017년 기준 (단위: 원)

연령별	최소 노후생활비		적정 노후생활비	
	(부부 기준)	(개인 기준)	(부부 기준)	(개인 기준)
전체 평균	176만	108만 1,000	243만 4,000	153만 7,000
50~59세	195만	120만	268만	168만 7,000
60~69세	175만	106만 9,000	242만 4,000	153만 2,000
70~79세	150만	93만 2,000	208만 9,000	134만
80세 이상	139만 3,000	83만 7,000	194만 1,000	121만 4,000

자료: 국민연금연구원 '국민노후보장패널조사', NH투자증권 100세시대연구소

국민연금은 65세 이후 평생 수령할 수 있다. 예상 연금 수령액이 월 52만 원(노령연금 평균 수급금액, 2019년 2월 기준)이면, 물가상승률을 제외하고도 20년간 수령 시 1억 2,480만 원, 30년간 수령 시 1억 8,720만 원을 지급받는다는 의미다. 이처럼 국민연금은 수령 기간이 길어 환산해보면 적지 않은 금액이 나오면서 노후준비에 중요한 역할을 한다. 여기에 퇴직연금과 개인연금까지 의미 있는 규모로 준비돼 있다면 노후생활비 마련에 큰 문제가 없을 것이다.

지금까지 축적한 자산을 종합해서 자신의 노후준비 수준을 알고 싶다면 NH투자증권 '100세시대 준비지수'(www.nhqv.com/the100)를 활용해보자. 100세시대 준비지수는 본인의 기본 정보, 3층 연금 가입 현황, 노후대비용 금융자산 현황을 입력하면 노후준비 점수를 확인할 수 있는 노후준비 진단 프로그램이다. 금융회사에서 노후설계 컨설팅을 받는 경우 부족한 노후자산에 대해 금융상품을 활용한 추가적인 적립 외에는 별다른 대안을 제시받지 못하는 경우가 많다. 100세시대 준비지수는 연금저축 또는 개인형 IRP 추가납입 등 금융상품 솔루션 외에도 근로기간 연장, 주택연금 가입, 임대소득 확보 등 노후생활비를 추가로 마련할 수 있는 다양한 맞춤 컨설팅을 제시한다.

노후준비는 복잡하고 어렵다는 생각에 걱정부터 앞서는 사람이 많다. 이는 노후준비가 정말 어려운 문제라서가 아니라 알 수 없는 미래에 대한 두려움 때문일 수도 있다. 본인의 예상 노후생활비와 필요노후자산을 계산해보고, 정기적으로 노후준비 수준을 점검해보자. 목표를 정하고 이를 달성하고자 노력하는 것만으로 훨씬 더 긍정적인 결과를 낼 수 있다.

시니어 재테크 비밀노트

'4% 법칙' 인출식 연금펀드 적극 활용을

안정적인 노후생활을 위해서는 연금처럼 꾸준한 소득이 필요하다. 연금이 충분하지 않다면, 연금처럼 매월 일정한 금액을 지급하는 월지급식 금융상품이 대안이 될 수 있다. 대표적인 월 지급식 금융상품에는 어떤 종류가 있는지 살펴보자.

첫 번째는 월 지급식 펀드다. 월 지급식 펀드란 매월 일정한 분배금을 지급하는 펀드다. 일반적으로 시세차익보다는 배당금이나 이자 등을 얻을 수 있는 고배당 주식이나 고금리 해외채권, 부동산, 인프라 등 인컴자산에 투자한다. 최근에는 은퇴자산 인출에 초점을 맞춘 인출식 연금펀드도 나왔다. 인출식 연금펀드는 RIF(Retirement Income Fund) 또는 TIF(Target Income Fund)로 불리는데, 매월 노후생활을 영위할 자금을 인출하고 기대수명이 지난 후에도 잔존자산이 남아 있도록 설계된 글로벌 자산배분 편

인출식 연금펀드(RIF)와 기존 월지급식 펀드 비교

구분	기존 월 지급식 펀드	인출식 연금펀드
운용 목표	벤치마크 대비 초과 수익 창출	별도 벤치마크 없이 운용
운용 전략	글로벌 또는 특정 지역 인컴자산 집중 또는 자산배분	글로벌 자산배분 (인컴자산 중심)
지급 전략	벌어들인 수익을 배분하며 성과에 따라 월 지급률 변동 (수익이 없을 경우 지급 X)	적정 수준의 잔존자산을 확보하면서 필요한 연금 소득을 지급(원금을 포함 할 수 있음)
위험관리 전략	벤치마크 기준, 적정 수준의 변동성 유지·관리	급격한 하락 방어, 변동성 최소화

자료: NH투자증권 100세시대연구소

드다. TDF가 은퇴 시점에 맞춰 은퇴자산을 적립하는 개념이었다면 TIF는 모은 은퇴자산을 잘 굴려주면서 매월 생활비에 필요한 일정 금액을 지급하는 상품으로 이해하면 된다. TIF는 4% 안팎 목표 수익률과 인출률에 특화해 설계된 경우가 많다.

이른바 '4% 법칙'이란 매월 자산의 4%씩 인출하는 것으로 실질 구매력을 유지하며 자산이 단기간에 고갈되지 않는 인출 방법을 뜻한다. 이는 1994년 미국 재무관리사였던 윌리엄 벤겐이 제시한 개념으로 연금과 보험 전문가 사이에서는 대표적인 가이드라인으로 통한다. 그는 주식과 채권에 각 50%씩 투자해 운용하고 은퇴 후 물가 상승률을 반영해 매년 자산의 4%씩 인출하면 노후자산을 최소 33년(평균 50년) 이상 유지할 수 있다고 주장했다. 5억 원의 은퇴자금을 기준으로 한다면 매월 267만 원에 해당한다.

두 번째는 부동산 임대수익을 배당받는 리츠(REITs, Real Estate Investment Trusts)다. 리츠는 다수 투자자로부터 자금을 모집해 부동산에 투자한 후 발생하는 임대수익, 매각차익, 개발수익을 투자자에게 배당하는 부동산 간접투자상품이다. 대개 임대수익이 있는 상업용 부동산을 투자 대상으로 설정하며 소액으로도 부동산에 투자할 수 있어, 일반투자자에게 적합한 상품이다. 연 5% 정도의 배당수익률을 리츠에 1억 원 투자하면 연 500만 원, 월 40만 원 정도 배당소득(세전)을 얻을 수 있다. 국내 리츠는 일반적으로 배당 지급 시기가 연 2회지만 해외 리츠의 경우 배당 지급 시기가 다양하므로, 배당 지급 시기가 다른 리츠를 보유하면 정기적으로 배당금을 받을 수 있다.

세 번째는 가입 후 바로 연금으로 받을 수 있는 즉시연금이다. 즉시연금은 일정 기간 거치 후 연금을 수령하는 일반 연금상품과 달리, 가입 1개월 후부터 바로 연금을 받을 수 있는 연금형 보험상품이다. 단, 보험사 공시이율이 항상 유지되는 것은 아니기 때문에 금리가 떨어지면 연금액도 줄어들 수 있으므로 가입 전 보험사들이 제시한 최저보증이율을 살펴 최소 연금 수령액도 파악해두는 것이 좋다. 즉시연금은 말 그대로 가입 즉시 연금을 받을 수 있는 만큼 가입 시점을 은퇴 시기와 맞춰 전체 연금의 보조수단으로 활용하는 것이 효과적이다.

NH투자증권 100세시대연구소 김은혜 책임연구원

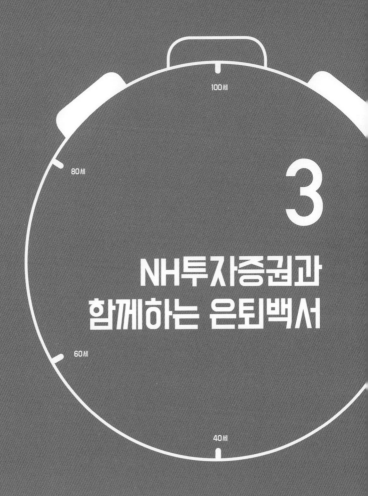

3

NH투자증권과
함께하는 은퇴백서

하고 싶은 은퇴, 하기 싫은 은퇴
'9·8·7 연금전략'으로 안정적 노후 대비하라

[NH투자증권 100세시대연구소 **김은혜** 책임연구원]

대 한 민 국
직　 장　 인
은 퇴 백 서

2018년 9월 중국 최대 전자상거래 업체인 알리바바의 창업주 마윈 회장이 은퇴를 선언했다. 1년 후 알리바바 설립 20주년이자 자신의 55번째 생일인 2019년 9월 10일 회장직에서 물러나 본인이 좋아하는 교육과 자선사업에 헌신하겠다는 것이다. 사실 알리바바 CEO는 이미 5년 전부터 전문경영인이 맡고 있었지만, 우리나라 언론에서는 유독 '조기 은퇴'란 말로 그가 54세밖에 되지 않았다는 사실을 강조했다. 55세는 은퇴하기에 너무 이른 나이라며, 그가 은퇴를 발표한 데는 다른 이유가 있을 것이라는 추측도 무성했다. 한국에서 조기 은퇴는 조기 퇴직이란 말과 맞물려 스스로 원치 않는데도 불구하고 정년이 되기 이전, 자리에서 밀려나는 것이 연상되기 때문이다.

현재 우리나라의 법정 정년은 60세다. 하지만 우리나라 직장인은 평균 49.1세(2018년 경제활동인구조사)에 주된 직장에서 퇴직한다. 정년에 비해 11년 일찍 퇴직하는 것이다. 마윈과 같이 자발적 퇴직이라면 문제가 없지만, 비자발적 퇴직이라면 일단 경제적인 문제가 발생한다. 퇴직 후에는 소득활동이 중

단되고 지출활동만 계속되므로 여유로운 노후생활은 둘째 치고 생계가 어려워질 수 있다. 따라서 마윈과 같이 자발적인 은퇴를 하고 싶다면 은퇴 후 생활을 유지하는 데 필요한 노후자산 확보가 전제돼야 한다.

노후자산을 준비하는 가장 대표적인 방법은 누가 뭐래도 연금이다. 연금을 활용한 노후준비 현황은 많이 아쉽다. 공무원 등 일부 특수직역을 제외하면 우리나라 대부분 직장인은 연금을 통한 노후준비가 충분하지 못하다. 2018년 55~79세 고령자 중에서 연금 수령자는 45.6%에 지나지 않는다. 월평균 수령액은 57만 원이며, 월 50만 원 미만이 71.1%를 차지한다.

연금을 100만 원 이상 수령하는 경우는 전체 수령자의 14% 수준에 불과하다. 50대 이상 중고령자기 노후에 기본적인 생활을 할 수 있는 최소 노후생활비로 부부는 월 176만 원, 개인은 108만 원이 필요하다고 생각하는데, 월 57만 원은 크게 부족한 금액이다.(국민연금연구원 국민노후보장패널조사(2017))

노후를 위한 연금을 어떻게 준비하는 것이 좋을까? 따져보면 생각보다 어렵지 않다.

보통 3층 연금이라 하면 국민(공적)연금, 퇴직연금, 개인연금을 말한다. 우선 우리나라 직장인들은 의무적으로 매월 기준

소득월액의 9%를 국민연금에 적립한다. 또한 회사 부담으로 연간 임금총액의 최소 8.3%에 해당하는 금액을 퇴직연금 또는 퇴직금으로 적립한다. 조금 더 여유로운 노후를 생각하는 사람이라면 연말정산 시 세액공제 혜택을 받을 수 있는 연금저축이나 IRP(개인형 퇴직연금)에 추가 적립하고 있을 것이다. 이를 두고 앞의 각 연금제도의 납입기준 비율과 세액공제 한도의 숫자를 따서 흔히 '9·8·7 연금전략'이라고 칭한다. 요약하자면 9·8·7 연금전략이란 국민연금에 매월 월급의 9%를, 퇴직연금에 8%를 적립하고 추가로 개인연금에 연간 700만 원씩 적립하는 전략을 말한다.

직장인이라면 9·8·7 연금전략에 따라 3층 연금만 잘 지키며 챙겨도 결코 적지 않은 노후자산을 만들 수 있다. 직장인 월평균 소득인 369만 원을 기준으로 이 전략을 30년간 실천한다면 은퇴 이후 노후생활비가 가장 많이 필요한 60대의 경우 개인연금만으로도 월 280만 원(10년간 수령, 수익률 3% 가정)가량을 받을 수 있다. 이후 70, 80, 90대 등의 생활비는 국민연금과 퇴직연금만으로도 충당이 가능하다.

은퇴가 얼마 남지 않고 사용할 수 있는 노후자산이 부족하다면 살고 있는 집을 줄이거나 팔아서 만든 목돈을 갖고 노후

장래에 일하기를 원하는 비율(55~79세)

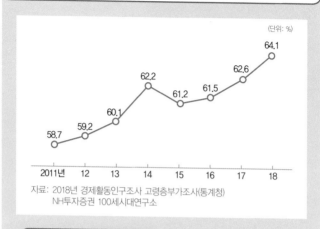

(단위: %)

64.1

62.2

62.6

61.2   61.5

60.1

59.2

58.7

2011년   12   13   14   15   16   17   18

자료: 2018년 경제활동인구조사 고령층부가조사(통계청)
NH투자증권 100세시대연구소

하고 싶은 은퇴를 위한 5계명

❶ '9·8·7 연금전략' 꼭 실천할 것
❷ 퇴직 전 5년, 연금저축 한도 1,800만 원 꽉 채워라
❸ 자산배분형 펀드, 인컴펀드, TDF 펀드는 필수
❹ 10년 이상 장기 투자 계획 세워라
❺ 최대한 퇴직 늦추되 퇴직 후 일자리 적극 물색

생활비를 조달하는 방법도 생각할 수 있다. 하지만 이는 완전한 해결책이 될 수 없다. 금리 수준이 높을 때는 일정 수준 이상 금액을 예금하면 이자수익만으로도 노후생활이 가능했다. 그러나 지금같이 금리가 연 1~2% 수준인 저금리 시대에는 이

자수익만으로는 노후생활이 어렵다.

차선책으로 최대한 퇴직을 늦추거나 퇴직 후에도 뭔가 수입을 얻을 수 있는 다른 일을 할 수밖에 없다. 실제 우리나라 55~79세 고령자 3명 중 2명(64.1%)은 취업을 희망하고 있으며, 그 비율은 계속 증가하는 추세다. 고령자가 취업을 원하는 가장 큰 이유는 생활비 때문(59%)인 것으로 나타났다. 고령층이 겪는 어려움도 경제적인 부분이 가장 높다.

100세 시대를 살아가면서 가장 중요한 요소를 꼽아보라면 대부분 돈(재무), 건강, 가족, 일, 여가, 관계(친구) 등을 든다. 이 중 한국의 은퇴 상황을 고려하면 아무래도 중요한 것은 돈이 아니라 '일'이 돼야 할지도 모르겠다.

50대 이후에도 일을 한다는 것은 그만큼 소득이 더 발생하며 모아온 은퇴자금을 쓰지 않아도 된다는 의미로, 재무 측면에서 경제수명이 늘어나게 된다. 마윈은 인터뷰에서 '은퇴는 한 시대의 끝이 아니라 시작'이라고 말했다. 그의 말처럼 은퇴는 인생의 종료점이 아니라 새로운 출발점이라 생각하고 인생 2막을 설계해보자.

취업의사 및 취업을 원하는 이유(55~79세)

(단위: %)

	장래 근로 원함	소계	일하는 즐거움	생활비 보탬	사회가 필요로 함	건강 유지	무료 해서	기타
2018	64.1	100.0	33.9	59.0	2.2	1.5	3.3	0.0
남자	75.6	100.0	36.5	56.7	3.0	1.3	2.5	0.0
여자	53.6	100.0	30.7	62.0	1.2	1.7	4.4	0.1

자료: 통계청, 「경제활동인구조사 고령층 부가조사」

시니어 재테크 비밀노트

퇴직 5년 전 골든타임…만기 금융상품 → 연금저축

50대는 은퇴가 현실화되는 시점이다. 더욱 안정적이고 계획적인 자금관리가 요구된다. 50대에 무리한 자금 운용으로 노후 설계가 한번 틀어지면 은퇴 이후 남은 삶이 쭉 힘들어질 가능성이 높다. 50대에게 퇴직 전까지 남은 몇 년은 사실상 노후를 준비할 마지막 기회인 셈이다.

특히 50대는 개인연금의 중요성에 주목해야 할 시기다. 50대는 대부분 자녀의 사교육비 부담이 줄어드는 시기이므로 퇴직하기 전 5년만이라도 연금저축에 연간 한도인 1,800만 원을 꽉 채워 납입하면 9,000만 원을 추가로 쌓을 수 있다. 연금저축은 만 55세 이후 연금으로 받을 때 3.3~5.5%의 연금소득세로 저율 분리 과세돼 노후자금 마련에 효과적이다. 만기가 돌아오는 금융상품이 있으면 일정액을 연금저축으로 옮겨 '절세'와 '노후준비' 두

마리 토끼를 잡을 수 있다.

노후를 위한 연금펀드로는 어떤 것이 좋을까? 연금펀드가 갖춰야 할 조건과 유형에 대해 살펴보자.

첫 번째, 무조건 높은 수익보다는 꾸준하고 안정적인 수익을 내는 펀드가 좋다. 높은 수익을 추구하는 고위험 자산에 집중적으로 투자하다 은퇴 시기에 가까워져 손실이 발생하면 만회하기 어렵다.

여러 자산에 분산투자하는 자산배분형 펀드를 눈여겨보자. 자산배분형 펀드는 펀드 내에서 다양한 유형의 자산에 분산투자하고 시장 상황에 따라 투자 비중을 조정하는 펀드다. 본인의 투자성향에 따른 자산배분형 펀드를 선택하면, 그다음부터는 따로 신경 쓰지 않아도 자산배분형 펀드가 여러 자산으로 나눠 운용한다.

두 번째, 안정성을 중시하더라도 최소한 시중금리보다는 높은 수익을 추구하는 펀드를 선택하자. 저금리 시대에 노후자산을 마련하기 위해서는 기대수익률을 높이려는 노력이 필요한데, 기대수익률을 높이기 위해서는 연금펀드 내 일정 수준 위험자산을 가져가야 한다. 목표수익과 감내할 수 있는 위험 수준을 평균적으로 고려할 때 연 3~5%를 기대할 수 있는 펀드로 운용하는 것이 좋다.

대표적인 유형으로 인컴펀드를 들 수 있다. 인컴펀드는 고배당 주식이나 고금리 해외채권 등 인컴자산에 투자해 시세차익보다는 배당금이나 이자 등 인컴수익을 목적으로 하는 펀드다.

세 번째, 따로 신경 쓰지 않아도 알아서 운용해주는 펀드가 좋다. 이런 경우 생애주기에 따라 알아서 주식과 채권 비중을 조정해주는 TDF(Target Date fund, 타깃데이트펀드)를 활용해보자.

이미 미국에서 대표적인 노후준비용 금융투자상품인 TDF는 은퇴 시점을 '타깃데이트(목표 시점)'로 설정하고 투자자 생애주기에 맞춰 자산 비중을 알아서 조정해주는 펀드다. 자산을 축적해야 하는 시기에는 주식 등 위험자산 비중을 높게 가져가고 은퇴 시점이 다가올수록 채권과 같은 안전자산의 비중을 점차 높이는 구조다.

은퇴 시점을 목표(Target)로 정하고 해당 시점이 다가올수록 펀드 내에서 주식 비중은 줄이고 채권 비중을 늘려 포트폴리오의 안정성을 높여가기 때문에 연금펀드 운용에 신경을 많이 쓰기 어려운 사람에게 매우 적합한 상품이다.

예를 들어 가입자의 은퇴 시기가 2040년쯤으로 예상되면 TDF 2040펀드에 가입하면 된다. TDF 2040펀드는 초기에는 주식 비중을 주식형 펀드 수준으로 운용하다 시간이 지남에 따라 점차 주식 비중을 줄이고 채권 비중을 늘려나간다. 현재 50대 초반이라면 TDF 2030 펀드 비중을 큰 폭으로 늘리는 것도 방법이다.

다만 TDF도 만능이 아닌 만큼 지나친 맹신은 금물이다. 무엇보다 원금보장 상품이 아니기 때문에 시장 상황이나 운용 방법에 따라 손실이 발생할 수도 있다는 점을 명심해야 한다. 또 단기 성과에 연연하지 말고 10년 이상 장기 투자 계획을 세우고 가입하는 것이 TDF의 장점을 극대화할 수 있는 투자 전략이다.

NH투자증권 100세시대연구소 김은혜 책임연구원

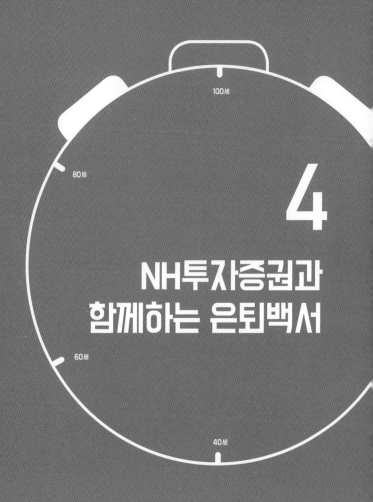

4

NH투자증권과
함께하는 은퇴백서

기본 중의 기본 국민연금
추납·임의가입·연기연금 활용 노후보장을

[NH투자증권 100세시대연구소 **하철규** 수석연구원]

대 한 민 국
직 장 인
은 퇴 백 서

정부는 국민의 기본적인 노후소득 보장과 노후빈곤 방지를 위해 국민연금 의무가입제를 시행하고 있다. 선진국에서 노인이 빈곤 위협 없이 살 수 있는 것은 오랫동안 운영된 공적연금의 역할이 크다. 경제활동에서 은퇴한 고령자에게 지속적으로 제공되는 연금만큼 든든한 버팀목도 없다. 이미 일부가 국민연금을 받기 시작한 베이비붐 세대(1955~1963년생)와 연금 수령이 얼마 남지 않은 X세대(1965~1976년생)는 대체로 국민연금에 우호적인 태도를 보인다. 하지만 밀레니얼 세대(1980~1996년

국민연금제도를 적절히 활용하면 급여 수준을 충분히 높일 수 있다. 국민연금 외 퇴직연금, 연금저축 등으로 추가 노후소득을 준비하는 것도 중요하다. 〈매경DB〉

생)는 국민연금 기금이 고갈된 이후 연금을 받을 수 있을지 확실하지 않다는 생각에 제도를 불신한다. 또한 이들은 노후에 국민연금을 받아 생활이 가능할 것인가에 대한 의문을 제기하기도 한다.

국민연금연구원 조사에 의하면 50대 이상 중고령자가 노후에 필요로 하는 월평균 최소 생활비는 부부 기준으로 176만 원, 개인 기준으로 108만 원가량이다. 하지만 2019년 기준 국민연금의 월평균 수급금액은 52만 원에 불과하다. 금액만 보면 연금액이 너무 적어 '용돈연금'이라는 비판을 받을 만하다.

국민연금 수령액이 낮은 이유는 우선 국민연금 도입 당시 소득대체율은 70%로 상당히 높았으나 두 차례 연금개혁으로 소득대체율이 44.5%로 낮아졌기 때문이다. 2028년까지 40%로 낮아질 예정이다. 소득대체율 40%라 함은 40년 동안 국민연금에 가입한 사람은 생애평균소득의 40%를 연금으로 받을 수 있다는 의미다. 또한 우리나라에 국민연금이 도입된 것은 1988년으로 가입자의 평균 가입 기간이 18년으로 짧기 때문에 연금액이 적다. 반면 선진국의 공적연금 도입 시기는 독일 1889년, 미국 1935년, 일본 1942년으로 우리나라보다 훨씬 앞선다.

한편 국민연금 평균 수급금액은 낮지만 제도를 최대한 활용해 높은 연금액을 받는 사람도 적지 않다. 2018년 기준으로 연금 수령을 연기하지 않은 최고 금액 수급자는 월 연금액이 174만 원이다. 국민연금만으로 부부 기준 최소 생활비를 거의 충당할 수 있다. 부부 합산 최고 금액 수급자는 월 연금액이 327만 8,000원이다. 또한 20년 이상 가입한 노령연금 수급자 비율이 14.2%(54만 명)로 증가했고 이들은 매월 평균 91만 원의 연금을 받는다. 노령연금 금액별로는 월 100만 원 이상 수

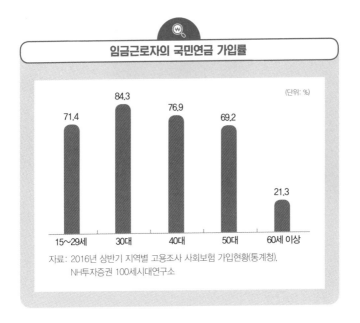

임금근로자의 국민연금 가입률

(단위: %)

71.4 — 15~29세
84.3 — 30대
76.9 — 40대
69.2 — 50대
21.3 — 60세 이상

자료: 2016년 상반기 지역별 고용조사 사회보험 가입현황(통계청).
NH투자증권 100세시대연구소

급자가 20만 명(5.3%)을 넘어섰다.

'피할 수 없으면 즐겨라'라는 말이 있다. 기왕 의무가입을 해야 한다면 국민연금제도를 최대한 활용해 급여 수준을 높이는 것이 현명해 보인다.

소득 대체율 44.5%로 축소됐지만
제도 제대로 활용하면 의외로 '굿'
보험료 점진적으로 인상 검토해야

앞으로 국민연금제도가 성숙해 가입자 가입 기간이 30~40년으로 늘어나면 연금 수령액이 더 늘어날 것이다. 국민연금이 용돈 수준에 불과하다는 인식도 줄어들 전망이다. 특히 700만 명이 넘는 베이비붐 세대의 첫 주자인 1955년생이 2016년부터 국민연금을 받기 시작했다. 이들은 33세가 되던 1988년에 국민연금제도가 시행됐고 사회초년생 때부터 국민연금을 납부했다. 대규모 인구집단인 베이비붐 세대가 국민연금을 수령하기 시작했기에 앞으로 국민연금 수급자 수와 평균 수급금액이 빠르게 증가할 터다.

더불어 젊은 세대의 국민연금 가입률이 높기 때문에 앞으로 연금 수령자 비율은 계속 증가할 전망이다. 통계청에 의하면 임금근로자 국민연금 가입률은 30대(84.3%)가 가장 높고, 다음으로 40대(76.9%), 50대(69.2%), 60세 이상(21.3%) 순이다.

　국민연금의 기본적인 노후소득 보장 역할을 강화하기 위해서는 향후 제도적 개선이 필요하다. 급여 수준을 낮추는 방향이 아니라 적절한 금액을 부담하고 적절한 급여를 받는 방향으로 개편하는 것이 바람직하다. 이미 두 차례 연금개혁으로 40%까지 낮아진 소득대체율을 더 낮추기는 어렵다. 국민연금으로 최소한 기본적인 생활이 가능하도록 급여 수준을 높이는 제도 개선이 필요하다.

　자녀 세대에게 부담을 떠넘기지 않도록 국민연금 보험료를 점진적으로 OECD 평균 수준으로 올리는 것도 필요하다. 우리나라 국민연금 보험료(9%)는 OECD 18개국 평균(18%)의 절반 수준이다. 사람들은 국민연금의 필요성에는 동의하지만 막상 보험료 인상은 달갑지 않게 받아들인다. 보험료를 올리지 않는다면 2057년쯤 기금이 고갈된 이후 보험료율의 급격한 인상이나 대규모 국고 보조가 필요하다. 오히려 적정 수준 보험료 인상으로 인해 국민연금제도의 지속 가능성이 높아지고 현재 세대와 미래 세대 간 형평성이 개선될 수 있다. 국민연금은 기본적인 노후소득 보장을 목표로 한다. 평생 지급으로 장수리스크에 대비할 수 있고 물가상승률이 반영되어 실질가치가 보장되는 장점을 보유하고 있다. 하지만 국민연금만으로는 안정적이고 풍요로운 노후생활을 누리기에는 부족하기 때문에 퇴직연금, 연금저축, 임대수익, 근로소득 등으로 추가 노후소득을 준비해야 한다.

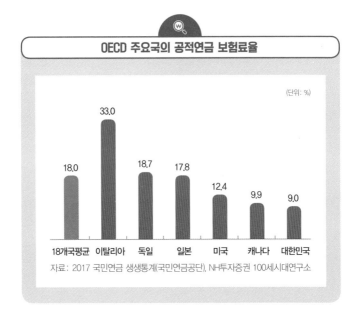

OECD 주요국의 공적연금 보험료율

(단위: %)

18개국평균 18.0
이탈리아 33.0
독일 18.7
일본 17.8
미국 12.4
캐나다 9.9
대한민국 9.0

자료: 2017 국민연금 생생통계(국민연금공단), NH투자증권 100세시대연구소

시니어 재테크 비밀노트

국민연금 최대한 많이 받으려면 가입 기간 늘려라

국민연금은 노후준비의 기본이다. 모든 금융상품이 본인이 납입한 적립금에 연동되지만 국민연금은 적립금과 수명에 연동된다. 수명 연장 추세를 감안한다면 국민연금을 조금이라도 더 받을 수 있는 방법을 모색하는 것이 현명하다. 국민연금을 더 많이 받을 수 있는 방법을 살펴보자.

먼저 국민연금 가입 기간을 30년 이상으로 늘려야 한다. 국민연금은 보험료를 납부한 기간에 따라 연금액 차이가 크다. 10~19년 가입자는 월 연금액이 40만 원에 불과하지만 20년 이상 가입자는 91만 원의 연금을 받는다. 2018년 국민연금 최고 금액 수급자는 29년 10개월을 납부해 월 174만 원의 연금을 받고 있다. 보험료를 일정 수준으로 끌어올리는 것도 중요하다. 국민연금은 소득이 높을수록 연금 수령액이 증가한다. 자영업자와 농어민이 국민연금 납입금액을 직장인 수준으로 올리면 연금 수령금액이 커진다. 지역가입자인 자영업자와 농어민 중에는 소득을 실제보다 적게 신고해 국민연금 납입금액을 줄이는 사람이 적지 않다. 국민연금 보험료를 적게 내면 연금 수령액이 직장인보다 훨씬 적을 수밖에 없다.

부부가 모두 국민연금에 가입해 연금 맞벌이로 수령액을 늘리는 방안도 효과적이다. 부부 모두 노령연금을 받는 수급자는 60만 명에 이른다. 부부가 모두 3층 연금(국민·퇴직·개인연금)으로 노후준비를 하면 은퇴 후 안정적인 노후생활을 누릴 수 있다.

임의가입도 고려해봄직한 선택지다. 소득이 없어 국민연금 의무가입 대상은 아니지만 본인이 희망해 가입하는 제도다. 국민연금에는 소득 재분배 기능이 있어 전업주부가 임의가입하면 낸 돈에 비해 많은 금액을 받을 수 있다.

또한 자녀가 만 18세가 됐을 때 국민연금에 임의가입해 첫 달 치 보험료를 납부하고 자녀가 성장해 취직한 다음 '추후납부'하면 연금 가입 기간이 5~10년 정도 늘어나 더 많은 연금을 받을 수 있다.

추후납부는 결혼이나 실직 등으로 경력이 단절된 사람에게도 효과적인 방안이 될 수 있다. 소득이 없어 내지 못했던 보험료를 추후납부하면 가입 기간을 모두 인정받고 연금 수령액을 늘릴 수 있다. 한 번에 목돈을 내기 부담스럽다면 최대 60회 분할납부도 가능하다.

현재와 달리 1999년 이전에는 직장 퇴직 후 반환일시금을 청구할 수 있었다. 과거에 국민연금공단으로부터 수령했던 반환일시금에 이자를 더해 '반납'하면 기존 가입 기간을 회복할 수 있다. 지금보다 소득대체율이 높았던 기간이 복원되기 때문에 연금액을 높이는 데 유리하다.

'연기연금제도'를 활용하는 것도 방법이다. 국민연금은 10년 이상 보험료를 납부하고 연금 수급 연령에 도달하면 노령연금을 받을 수 있다. 건강 상태가 양호하고 경제적으로 여유가 있다면 연금 수령 시기를 연기할 수 있다. 최대 5년까지 한 번 늦출 수 있다. 국민연금 수령을 연기하면 매월 0.6%씩 가산해 연금 수령액이 매년 7.2%씩 늘어난다. 5년을 연기하면 연금액이 36% 늘어난다.

'임의계속가입'도 선택 가능한 옵션이다. 국민연금은 60세가 되면 의무가입 대상에서 제외돼 보험료를 납부하지 않아도 된다. 하지만 60세가 넘어도 임의계속가입을 신청하면 65세까지 가입 기간을 늘릴 수 있다. 만약 국민연금 납부 기간이 10년 미만이라 연금 수령 조건을 충족하지 못한 경우에는 이 제도를 활용해 10년을 채우면 연금을 받을 수 있다.

NH투자증권 100세시대연구소 하철규 수석연구원

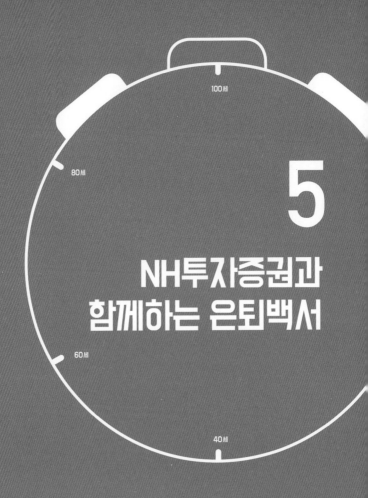

100세

80세

60세

40세

5

NH투자증권과
함께하는 은퇴백서

없으면 후회할 퇴직연금
임금피크 앞서 DB형 → DC형 전환 서둘러라

[NH투자증권 100세시대연구소 **김은혜** 책임연구원]

대 한 민 국
직 장 인
은 퇴 백 서

퇴직연금 190조 원(2018년 기준) 시대다. 근로자들의 보다 안정된 노후를 위해 퇴직연금제도가 2005년 도입된 이래 괄목할 만하게 성장했다. 자본시장연구원에 따르면 2050년 우리나라 퇴직연금 적립 규모는 약 2,000조 원에 이르러 국민연금을 웃돌 것이라 예상된다.

그러나 퇴직연금은 부진한 운용수익률로 노후자산으로서의 역할을 못하고 있다는 비판을 받는다. 2018년 퇴직연금 수익률은 1.01%에 그쳤다. 5년간 연평균 수익률도 1.88%에 불과하다. 이처럼 퇴직연금 수익률이 저조한 이유는 지나치게 보수적인 투자 때문이다.

금융감독원에 따르면 퇴직연금 적립금 190조 원 중 87%는 은행 정기예금 등 원리금 보장상품으로 운용된다. 노후를 위한 마지막 보루이므로 원금만은 지켜야 한다는 마음은 이해되나, 저금리 시대에 원리금 보장상품은 충분한 수익을 기대하기 어렵다.

보다 근본적인 문제는 가입자들이 퇴직연금을 노후생활을

국내 퇴직연금 적립금 추이

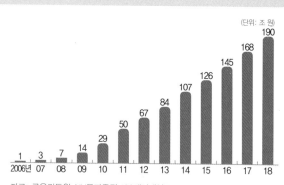

(단위: 조 원)

연도	적립금
2006년	1
07	3
08	7
09	14
10	29
11	50
12	67
13	84
14	107
15	126
16	145
17	168
18	190

자료: 금융감독원, NH투자증권 100세시대연구소

제도유형별 · 운용방법별 장기수익률 현황

(단위:%)

권역	구분	DB	DC·기업형 IRP	개인형 IRP	전체
전체	5년	1.91	1.97	1.46	1.88
	10년	3.11	3.53	3.09	3.22
원리금 보장형	5년	1.9	2.14	1.67	1.94
	10년	3.04	3.17	2.97	3.07
실적 배당형	5년	2.24	1.24	0.95	1.48
	10년	5.58	4.55	4.27	4.8

*2018년 기준 과거 5년, 10년 동안의 수수료 차감 후 연환산 수익률이며, 원리금 보장형
에는 대기성 자금 포함
자료: 금융감독원, NH투자증권 100세시대연구소

위한 연금으로 생각하지 않는다는 데 있다. 2018년 퇴직연금 수급 개시자 중 퇴직연금을 연금으로 수령한 사람은 2.1%에 불과하다. 97.9%가 일시금으로 수령했다.

'가교연금'으로 소득공백기 대비
'절세연금'으로 세금 감면 혜택
'연금 운용'으로 노후자산 증식

퇴직연금은 직장인들의 노후소득 보장 이상의 유용성이 있다.

현재 법정 정년은 60세이지만 국민연금 수급 연령은 출생연도에 따라 62~65세로 차이가 있다. 1969년생 이후라면 국민연금 수급 연령은 65세가 되는데, 이 경우 공식적으로 5년간의 소득 공백기가 발생한다. 재취업해서 일을 더 하거나 퇴직연금·개인연금 같은 사적연금이 준비돼 있지 않는 한, 국민연금을 받을 수 있는 나이까지 소득 없는 기간이 생긴다는 의미다.

실질적인 퇴직 연령을 생각해보면 문제는 조금 더 심각해진다. 대부분 직장인이 체감하는 퇴직 연령은 50대 초반에 불과하기 때문이다. 50대 초반이면 일상적인 생활비가 여전히 많이 들어가는 시기인데 퇴직 등으로 주요 소득이 줄면 가계부

실로 이어질 수 있다. 소득 공백기나 소득 감소 대비 목적으로 퇴직연금이 반드시 필요한 이유다.

퇴직연금을 잘 이용하면 세금을 아껴 연금소득 자체를 늘릴 수 있다. 우선 퇴직급여를 개인형 퇴직연금(IRP)으로 이체하면 퇴직 시점에 퇴직소득세를 부담하지 않고 연금 인출 시점까지 과세이연되는 효과가 발생한다. 세금이 큰 비중을 차지하는 것은 아니지만 나중에 지출하는 만큼 더 많은 금액이 운용돼 연금자산을 늘릴 수 있는 기회를 얻게 되는 것이다.

세금의 지출 시기만 늦추는 것이 아니다. 55세 이후 10년 이상 연금으로 수령 시 퇴직급여 부분에 대해서는 퇴직소득세의 30%가 할인된 연금소득세로 적용해주므로 직접적인 절세 효과가 발생한다. 2020년 세법 개정안이 반영되면 연금수령 시점이 10년을 초과하는 경우 퇴직소득세의 40% 할인된 연금소득세가 적용되어 절세 효과가 더 커질 전망이다.

운용수익에 대해서는 연금소득세를 적용받아 3.3~5.5%(지방소득세 포함)의 저율과세를 받을 수 있다. 일반적인 금융상품으로 운용해 이자나 배당소득이 발생하면 이자·배당소득세(15.4% 지방소득세 포함)를 부담해야 하지만 IRP에서 발생한 운용수익에 대해서는 낮은 연금소득세율을 적용받고 나이가 많아질수록 세율이 더 낮아지는 '+α' 효과를 얻을 수 있다.

단, 운용수익은 퇴직급여 부분과 별도로 연금소득에 포함돼 연간 1,200만 원을 초과하는 경우 종합소득 신고 대상이 될 수 있음을 유의하자.

퇴직금제도와 퇴직연금제도의 가장 큰 차이 중 하나는 퇴직연금제도에는 근로자가 직접 퇴직연금 자산을 운용하는 DC(확정기여)형 제도가 있다는 점이다.

퇴직금제도나 DB(확정급여)형 제도는 회사가 운용하고 근로자는 정해진 퇴직급여를 받을 뿐, 적극적으로 연금자산을 늘릴 기회를 가질 수 없다. 퇴직금제도 또는 DB형 제도는 퇴직 시 최종 급여가 높을수록 유리하지만 이런 혜택을 누릴 수 있는 근로자는 생각보다 많지 않다. 대다수 근로자는 DC형 제도 아래 금융투자상품을 적절히 활용해 퇴직연금 자산을 늘려가야 할 필요가 있다.

특히 임금피크제를 앞두고 있는 DB형 가입자라면 DC형으로의 전환이 유리하다. 임금피크제에 들어가면 최종 급여가 줄어들어 퇴직급여도 줄어들기 때문이다.

따라서 임금피크제 적용 전에 DC형으로 변경하고, 임금피크제 시기에는 DC형으로 운용하면 퇴직급여 감소를 최소화할 뿐 아니라 증식 기회를 가질 수 있다. 임금피크제뿐 아니라 근로시간 감축 등으로 퇴직 전 급여가 줄어들 수 있는 경우를 고려해 퇴직연금 관리에 적극적으로 대응하는 전략이 필요하다.

저금리 상황에서는 1%밖에 안 되는 수익률 차이라도 연금 같은 장기 금융상품에서 엄청난 금액 차이를 불러온다.

예를 들어 월평균 급여가 300만 원인 근로자가 근무 기간 30년 동안 연 1% 수익률로 퇴직연금을 운용한다면 퇴직 시점의 적립금은 약 1억 원 정도가 되지만 연 3% 수익률로 운용하면 적립금이 1억 4,000만 원 정도로 40% 가까이 늘어난다. 퇴직연금의 자산 운용을 적극적으로 해야 하는 이유다.

퇴직연금 도입 목적이 근로자의 안정적인 노후소득 보장에 있다는 점을 다시 한 번 되새기며, 든든한 노후를 위해 퇴직연금 운용과 관리에 반드시 관심을 기울여야 하겠다.

시니어 재테크 비밀노트

자산배분 펀드 TDF, 수수료 낮아야 장기전 유리

최근 퇴직연금 시장의 화두는 TDF(Target Date Fund)다. TDF는 가입자의 생애주기를 고려해 은퇴 시점에 가까워질수록 위험자산 편입 비중이 낮아지는 자산배분 펀드다.

TDF는 우리나라에 본격적으로 소개된 지 3년 만에 1조 5,000억 원 규모로 빠르게 성장하고 있다. 아직 일반 투자자에게는 TDF란 상품이 생소할 수 있지만, 미국에서는 20년 전에 도입돼 대표적인 노후준비상품으로 자리 잡았다.

장기투자, 분산투자라는 투자의 기본 원칙을 충족하면서 가입자가 크게 신경 쓰지 않아도 생애주기에 따라 전문가가 알아서 연금자산을 관리해주기 때문이다. TDF 투자에 앞서 살펴봐야 할 5가지 체크 포인트를 알아보자.

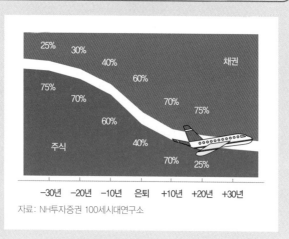

25%	30%				채권	
		40%	60%			
75%				70%	75%	
	70%					
		60%				
주식			40%			
				70%	25%	

−30년   −20년   −10년   은퇴   +10년   +20년   +30년

자료: NH투자증권 100세시대연구소

첫째, TDF는 일반적으로 5년이나 10년 단위로 구분되는 은퇴 시점(Target Date)을 펀드명에 함께 표기한다는 점이다. 은퇴 시점이 2030년이라면 TDF 2030, 은퇴 시점이 2028년이라면 TDF 2025와 TDF 2030 중에서 선택하면 된다. 가입자 투자성향에 따라 은퇴 시점과 다른 TDF를 선택할 수도 있다. 예를 들어 은퇴

시점이 2030년인 투자자가 보수적이라면 위험자산 비중이 더 낮은 TDF 2025를 선택하고, 공격적이라면 위험자산 비중이 더 높은 TDF 2035를 선택하는 식이다.

두 번째는 자산배분곡선(Glide Path)이다. 은퇴 시점이 같은 TDF라도 운용사별 운용 전략(주식투자 비중, 해외자산 투자 비중, 투자 스타일 등)에 따라 포트폴리오의 기대수익과 위험 수준이 달라진다. 운용사별 TDF 운용 전략을 면밀히 살펴보고, 투자자의 투자 성향에 가장 적합한 운용 전략을 갖는 TDF를 선택하는 것이 바람직하다.

세 번째 체크 포인트는 보수와 수수료다. TDF는 장기 투자상품이므로 보수와 수수료가 수익률에 미치는 영향이 크다. 운용 전략에 따라 보수 차이는 발생할 수 있으나 운용 전략이 유사하다면 보수가 낮을수록 유리하다. TDF 투자 시 상대적으로 펀드보수가 낮은 연금저축, 퇴직연금(DC·IRP), 온라인 전용 클래스를 선택하면 비용 절감 효과를 누릴 수 있다.

네 번째로 환헤지 여부를 꼭 살펴야 한다. TDF는 다양한 글로벌 자산에 분산투자하므로, 환율 변동에 따라 수익률이 달라질 수 있다. 환율 변동 위험을 피하고 싶은 투자자는 환혜지형을, 환율 변동에 따른 환차익을 추구하는 투자자는 환노출형 TDF를 선택하는 것이 유리하다.

마지막 체크 포인트는 장기 수익률이다. TDF는 은퇴 시점 또는 은퇴 후까지 투자하는 장기 투자상품이므로 단기 성과보다 장기 성과가 중요하다. 아쉽게도 우리나라에서는 TDF가 2016년부터 본격적으로 소개돼 운용 기간이 길지 않기 때문에 장기 성과를 확인할 수 없는 상황이다. 현재까지의 성과를 중심으로 고려하되, 기간이 경과함에 따라 장기 성과가 좋은 펀드로 추후 교체매매를 검토하는 것이 바람직하다.

NH투자증권 100세시대연구소 김은혜 책임연구원

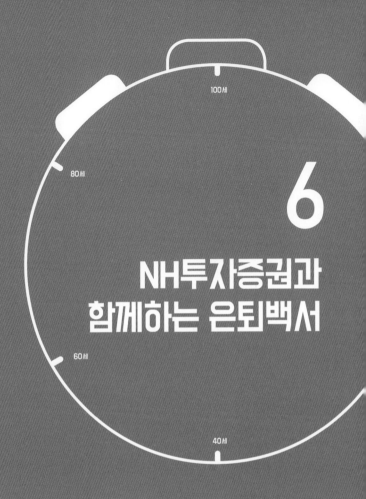

100세

80세

6

40세

60세

NH투자증권과
함께하는 은퇴백서

위기의 연금저축, 그래도 있어야
세액공제액 재투자하면
'마법의 복리 효과'

[NH투자증권 100세시대연구소 **지진선** 수석연구원]

대 한 민 국
직   장   인
은 퇴 백 서

2018년 가계금융복지조사에 따르면 한국은행은 우리나라 가구당 평균 순자산 부문별 비중에서 주택·토지 등의 실물자산 비중이 75%에 이르는 것으로 나타났다. 또한 금융감독원 분석 결과에 따르면 연금저축상품과 국민연금을 합쳐도 월 수령액이 61만 원에 불과하며 연금저축 적립금 증가율은 지속적인 하락 추세를 보이고 있다.

이런 보도는 지금의 가계구조가 노후준비를 하기에 적당한 것인지 경각심을 갖게 한다. 은퇴 이후 노후자산에서 중요한 것은 현금흐름이다. 은퇴 이후에도 직장에서 월급을 받듯 안정적인 현금흐름을 만들어낼 수 있는 자산구조를 미리 만드는 것이 중요하다. 이에 우리나라 가계에서 높은 부동산 비중은 낮추고 금융자산을 증가시키는 구조적인 변화가 시급하다.

금융자산과 연금자산이 부족한 경우 노후대비를 위해 비교적 손쉽게 접근할 수 있는 것이 연금저축상품이다. 그동안 세액공제용으로만 활용해오던 연금저축이 세계 최고령국가 초장수시대에 어떤 가치와 활용성을 갖고 있는지 주목해봐야 할 시점이다.

연금저축은 현재 얼마 남지 않은 절세상품 중 소액으로도 누구나 가입할 수 있는 유일한 상품이다. 절세상품으로 현재 남아 있는 ISA(개인종합자산관리계좌)와 비과세저축은 2021년과 2019년 말(2020년 말까지 연장안 국회 계류중) 말에 각각 가입 종료된다. 정부가 연 2,000만 원 이하 분리과세 금융소득에 대해서도 건강보험료를 부과하겠다고 밝혀 투자자들이 긴장하자, 전문가들은 건강보험료 부담을 낮출 수 있는 방안으로 사적연금과 비과세 금융상품을 적극 활용하는 것을 추천한 바 있다.

건강보험료 상승이 부담의 끝은 아닐 것이다. OECD '2018 세수통계' 기준으로 보면 한국 조세부담률은 20%로 OECD 회원국 33개 중 7번째로 낮은 수준이다. 우리나라 정부의 다양한 복지정책을 위한 세수 확보로 인해 국민 세금 부담은 지속적으로 증가할 수밖에 없어 보인다. 이런 사회정책 배경에서 같은 돈을 투자하더라도 절세상품을 먼저 챙기는 것은 당연하다.

2019 연금저축 개정안에 따른 세액공제 금액

종합 소득금액 (총급여액)	현행 (퇴직연금 포함)	50세 이상 세액 공제 추가 납입 한도	ISA 추가 납입 세액공제 한도	세액공제 한도 합계	공제율	공제금액
4,000만 원 이하 (5,500만 원)	400만 원 (700만 원)	200만 원	300만 원	900만 원 (1,200만 원)	16.5%	148.5만 원 (198만 원)
1억 원 이하 (1억 2,000만 원)	400만 원 (700만 원)	200만 원	300만 원	900만 원 (1,200만 원)	13.2%	118.8만 원 (158.4만 원)
1억 원 초과 (1억 2,000만 원)	300만 원 (700만 원)	—	300만 원	600만 원 (1,000만 원)	13.2%	79.2만 원 (132만 원)

자료: NH투자증권 100세시대연구소

활용도 높은 최적의 금융상품

노후자금은 지키는 것이 중요

공제액 재투자 시 복리효과 두둑

그동안 요긴하게 사용해왔던 13월의 보너스 세액공제금액, 이 금액을 재투자한다면 생각보다 노후 수령금액의 차이가 크다는 것을 사람들 대부분은 모른다. 노후상품 활용에 있어 복리효과를 제대로 이용하지 못하고 있는 것이다.

예를 들어 총급여액 5,500만 원 이하인 40세 직장인이 20년간 목표수익률 5%로 매년 400만 원을 불입할 경우 연금 개시 전 평가금액은 1억 3,800만 원이고 60세 이후 10년간 매월 143만 원을 수령할 수 있다. 이 직장인이 세액공제 받은 66만 원을 찾아 쓰지 않고 동일 조건으로 재투자하면 평가금액은 1억 6,100만 원이 되고 매월 수령금액은 166만 원이 된다. 매달 23만 원의 생활비가 더 보태지는 것이다.

평생을 일하며 수십 년간 시간을 들여 꾸준히 불입한 소중한 돈인 노후준비자금을 사람들은 '안전'이라는 명목으로 방치하는 경우가 많다. 2018년 말 연금저축 전체 적립액 중 보험이 대부분(74.3%)을 차지한다는 것은 이런 측면에서 아쉬운 대목이다.

노후준비 자산처럼 수십 년을 관리해야 하는 자금은 세월의 가치를 반영하는 다양한 자산군에 분산하는 것이 좋다. 그러려면 돈을 '모아두는' 수준에서 '투자'의 영역으로 들어가야 한다. 투자라고 지레 겁먹지 않아도 된다.

2018년 2월부터 연금저축계좌에서 ETF 매매가 가능해 어렵지 않게 유망한 섹터에 투자할 수 있다. 주식처럼 장중 매매가 가능하기 때문에 시장 변동성에 빠르게 대응할 수 있고 거래 비용도 낮다.

최근 일부 금융회사에서는 연금저축 ETF 매매에 로보어드

바이저를 적용하는 자문 서비스도 출시했다. 정량적 모델에 기반한 의사결정으로 사람의 판단 오류를 최소화하고 시황 변화에 따른 분산투자가 가능해 장기간 신경 써야 하는 노후준비 자산관리의 부담을 덜게 됐다.

연금저축을 노후대비 상품 목적으로 활용하고자 한다면 중도 해지를 하지 않는 것이 무엇보다 중요하다. 자금이 급한 상황에서도 연금저축을 지킬 수 있는 방법은 생애주기 자산관리에서 장기자금 준비의 목적을 분명히 하는 것과 중도 해지를 하지 않을 정도의 적당한 금액을 불입하는 것이다. 단기간 꼭 써야 할 돈이 있다면 연금저축 담보대출이나 중도 인출 서비스를 활용해 가급적 중도 해지를 피하는 것도 방법이다.

'구슬이 서 말이라도 꿰어야 보배다'라는 속담이 있다. 사람들은 가끔 눈앞에 필요한 모든 것이 있지만 정작 그 가치를 알아보지 못해 엉뚱한 다른 것을 찾느라 시간을 허비할 때가 있다. 노후준비의 여러 방법을 찾아 헤매는 사람들에게 연금저축계좌가 바로 꿰어야 할 구슬이 되기도 한다. 노후준비에 필요한 다양한 혜택을 본인에게 맞게 잘 활용한다면 연금저축 하나만으로 노후에 큰 도움을 받을 수 있다.

시니어 재테크 비밀노트

알쏭달쏭 연금저축 세금, 이럴 때는 어떻게?

연금저축 가입자들이 가장 궁금해하는 이슈가 바로 세금이다. 세금 관련 이슈에 대해 명쾌하게 알아보자.

Q 연금저축 가입자가 사망해 배우자가 승계하려는데, 세제상 불이익은 없을까?

A 세법에서는 가입자 사망과 같은 부득이한 사유로 연금저축을 해지하는 경우, 연금을 수령할 때와 마찬가지로 연금소득세(3.3~5.5%)를 부과하도록 하고 해지환급금은 분리과세하므로 종합과세로 세 부담 증가를 걱정할 필요가 없다. 연금저축을 해지하지 않고 상속자에게 승계도 가능하다. 가입자가 사망한 날이 속하는 달의 말일로부터 6개월 이내에 해당 금융기관에 신청하면 된다.

Q 외국인과 해외 체류자도 연금계좌로 세액공제 받을 수 있을까?

A 연금계좌에서 세액공제를 받으려면 국내에 종합소득이 있는 거주자여야 한다. 세법에서는 납세의무자를 거주자와 비거주자로 구분

한다. 이때 기준은 국적이 아니라 국내에 거주하는가 여부다. 통상 국내에 주소를 두거나 183일 이상 머무르는 개인을 거주자라고 하고 그렇지 않은 사람을 비거주자라고 한다. 예를 들어 5년 전부터 살고 있는 외국인은 '종합소득이 있는 거주자'이므로 연금계좌에 가입해 세액공제를 받을 수 있다. 한국인이 글로벌 기업에 취업하게 돼 3년 정도 해외에 체류하게 됐을 경우에는 비거주자에 해당한다. 하지만 비거주자도 2013년 소득세법이 개정되면서 국내에 종합소득이 있다면 연금계좌에 저축한 금액을 공제받을 수 있게 됐다.

Q **연금저축 인출 시 인출 순서와 이에 따른 세금은 어떻게 될까?**

A 연금저축 계좌의 자금은 다양한 자금이 혼재돼 있다. 세액공제 받은 금액, 세액공제 받지 않은 금액, 퇴직금, 운용수익 등이다. 인출은 중도 인출과 연금 수령이 있는데, 인출 시 과세 제외 금액부터 인출돼 퇴직금, 세액공제 받은 금액, 운용수익 순으로 가입자에게 유리한 순서대로 인출된다. 단, 세액공제 받은 금액과 운용수익 등 과세 대상 금액으로 연금 수령액 1,200만 원 초과 시 종합소득에 합산과세 처리된다.

NH투자증권 100세시대연구소 지진선 수석연구원

100세

80세

7

60세

40세

NH투자증권과
함께하는 은퇴백서

노후준비의 방해꾼 ①
자녀교육비

[NH투자증권 100세시대연구소 김진웅 부소장]

대 한 민 국
직 장 인
은 퇴 백 서

소득의 차이가 학력의 차이로 대물림되면서 계층간 이동이 쉽지않은 사회구조로 되어가고 있는 것 같다. 학력이 사회진출 이후 경제력과 높은 비례관계를 보이고 있다 보니 부모 입장에서는 자녀에 대한 지원을 소홀히 하려야 할 수 없는 상황이다. 자녀교육에 대한 투자가 100% 성공을 장담하지는 못하지만 자녀의 사회적 지위에 상당한 영향을 미치고 있는 것은 분명해 보인다. 이는 양극화 문제로 연결될 수 있고 사회적 기회균등 차원에서 볼 때도 썩 바람직한 현상은 아니다. 요즘 젊은 부모세대가 자녀를 낳지 않거나 한 자녀만 낳는 상황도 자녀 양육에 대한 부담이 크기 때문이기도 하다. 많은 자녀양육비에는 여러 이유가 있겠지만 사교육 등을 포함한 교육비가 가장 많은 비중을 차지하고 있지 않을까 싶다.

2018년 초·중·고 사교육비에 대한 통계청 조사에 따르면 연간 사교육비 총액은 약 19조 5,000억 원, 학생 1인당 월평균 사교육비는 29만 원 정도로 나타났다. 2019년 사교육비 총액은 20조 원이 넘어설 것으로 예상된다. 실제 사교육 참여율을 보면 72.8%의 학생들이 참여하고 있다. 참여율을 감안했을 때 참여학생의 1인당 월평균 사교육비는 40만 원 정도로 높아지게 된다. 우리나라 학생들 10명 중 7명 이상이 사교육을 받고 있으며 이 학생들 1인당 월평균 40만 원의 사교육비가 들어가고 있는 셈이다. 가구소득의 중앙값(월 371만 원)을 기준으로 했을 때 자녀 한 명당 가구소득의 10.8%를 교육비로 부담해야 하는 셈이다. 자녀가 2명만 돼도 소득의 20%가 넘는 사교육 비용을 지출해야 되니 자녀교육 때문에 노후준비가 어렵다는 말이 과장은 아니다.

노후준비를 제대로 못하는 이유가 자녀교육인 것으로 볼 때 부모 본인의 노후준비보다는 자녀교육을 우선시한다고 할 수 있다. 그런데 노후준비는 시기적으로 뒤에 있을 뿐 현재의 자녀교육보다 결코 덜 중요한 사항이 아니다. 부모의 불안한 노후는 결국 자녀에게도 부담이 되는 부메랑으로 작용하게 된다. 따라서 자녀교육과 노후준비는 어느 하나 소홀히 할 수 없는 동등한 가치이다. 만약 중산층 이상 가구가 자녀교육 때문에 노후준비를 제대로 못하고 있다면 자녀교육에 무리한 지출을 하고 있는 것은 아닌지 점검해 보아야 한다. 자녀교육관에는 사람마다 차이가 있을 수 있어 적정 수준을 정하는 일이 쉽지는 않겠지만 계획적인 지출이 될 수 있도록 사전에 명확한 원칙을 가지는 것이 좋겠다. 그 예로 자녀교육 비용에 대한 원칙들을 다음과 같이 정리해보았다.

첫째, 자녀 1인당 사교육비와 노후준비 비율을 1:1로 가자. 자녀 1인당 월평균 사교육비가 40만 원 정도 들어간다. 노후준비를 자녀교육과 동등한 가치로 둔다면 월 40만 원은 연금저축으로 챙기는 것이 맞다. 월 40만 원을 연 4%로 가정하여 25년간 적립하면 2억 원 정도의 노후자산을 만들 수 있다. 연금저축으로 세액공제를 최대한 받으려면 월 33만 3,000원(연간 400만 원)을 저축하면 되는데 이보다 많은 금액이니 절세혜택도 최대한 받을 수 있다.

둘째. 자녀 1인당 총 교육비는 소득의 10%를 넘지 않게 하자. 자녀가 자사고나 특목고에 가게 되면 교육비용은 급격히 늘어나게 된다. 현재의 소득금액에서 감당할 수 있더라도 부가적으로 발생하는 비용이 생각보다 많기 때문에 소득에 따른 기준도 가지고 가는 것이 좋다. 가구소득의 중앙값(월 371만 원) 기준으로 보면 참여학생 1인당 월평균 사교육비 40만 원은 10.8%에 해당한다. 따라서 사교육은 물론 공교육을 넘어서는 사립학교 비용까지 포함하여 자녀 1인당 총 교육비는 가구소득의 10%를 넘지 않도록 하자.

셋째. 목돈이 들어가는 자녀교육비는 최소한 5년 전부터 미리 준비하자. 목돈이 들어가는 경우, 때에 닥쳐서 지출하는 방법보다는 미리 준비하는 것이 좋다. 사녀가 초등학교에 들어가면 특목고나 자사고 등록금을, 중학교에 입학하면 대학등록금 준비를 시작하는 것이다. 금융수익에는 복리효과가 있기 때문에 투자 기간을 길게 가져갈수록 수익이 커지면서 반대로 목돈준비에 대한 부담이 줄어든다. 금융투자수익을 통해 실제 부담을 낮추는 효과를 가져오려면 5년 이상의 투자 기간을 감안하고 준비하는 것이 좋다.

과거처럼 자녀의 성공이 부모의 성공으로 연결되던 시절은 지났다. 더 이상 자녀가 부모의 노후를 책임져주는 시대도 아니다. 부모 입장에서 자녀가 사회의 일원으로 제 몫을 다할 수 있도록 키우는 일은 당연하다. 하지만 역량을 넘어서는 무리한 자녀교육은 가계재정에 독이 될 수 있고, 효과 또한 100% 장담할 수 없다. 적정한 자녀교육비 지출이 부모와 자녀 모두에게 바람직한 결과를 가져다줄 것이다.

학생수와 사교육비 총액 추이

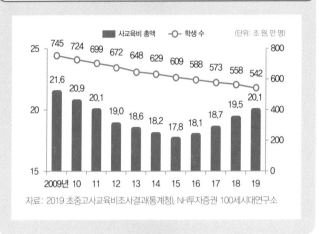

자료: 2019 초중고사교육비조사결과(통계청), NH투자증권 100세시대연구소

학생 1인당 월 사교육비

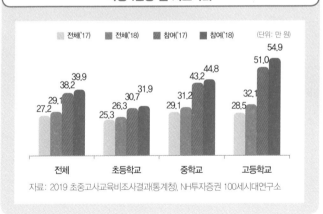

자료: 2019 초중고사교육비조사결과(통계청), NH투자증권 100세시대연구소

시니어 재테크 비밀노트

은퇴 후에도 투자에 성공할 수 있다

가격변동성이 높은 주식이나 펀드는 위험자산이라 하고 예·적금과 같은 금융상품은 안전자산이라고 칭한다. 이는 상대적인 기준일 뿐 안전자산이라고 해서 무조건 안전한 것만은 아니다. 금융기관의 지급불능과 같은 신용위험도 존재하고, 물가상승에 따른 현금의 상대적 가치 하락에도 취약하다. 위험자산과 안전자산은 투자성향에 따른 선택일 뿐 안전성과 수익성은 반비례하기 때문에 어느 쪽도 정답이라고 단정 지을 수 없다. 오히려 저성장 경제가 지속된다면 은퇴 후에도 원칙을 잘 지키는 투자가 자산의 효용성을 더 높일 수 있다. 은퇴 후에도 안정적인 투자를 위해 지켜야 할 원칙을 살펴보자.

1) 투자 타이밍을 분산하라

투자용으로 생각하는 자산을 한꺼번에 투자하기보다는 시간적인 여유를 가지고 나누어 투자하는 것이 좋다. 아무리 좋은 기회라는 생각이 들어도 미처 예상하지 못했던 변수들이 발생할 수 있다. 금융투자에 있어 타이밍은 수익률에 상당히 많은 영향을 미치는 요소다. 그런데 변동성이 있는 금융투자에 매수나 매도를 최적의 타이밍에 맞추어 실행하기란 전문가들도 쉽지 않다. 따라서 일정 기간이나 가격대를 정해놓고 규칙에 따라 매수 또는 매도 타이밍을 분산하는 것이 좋다. 가격 평균화가 자연스럽게 이루어지면서 시장 분위기에 휩쓸려 고가에 매수하거나 저가에 매도하는 실수를 예방할 수 있다.

2) 투자 인내심을 길러라

금융투자는 변동성에 대한 불안감으로 빨리 올라 수익을 챙기고 싶은 마음이 앞서게 된다. 하지만 기대와는 달리 가격이 계속 일관되게 오르는 경우는 매우 드물다. 상승추세에 있어도 가격이 하락하게 되면 불안감이 커지고 잘못된 매도결정을 할 확률이 높아진다. 금융투자에도 인내심이 필요하다. 부동산에 투자할 때 짧은 시간에 금방 가격이 오를 거라고 기대하는 사람들은 많지 않을 것이다. 금융투자도 마찬가지이다. 충분한 수익을 올리기 위해서는 그에 따른 시간이 필요하다. 일시적인 가격변동에 일희일비 말고 적정 목표수익을 정하고 달성 여부에 따라 의사결정을 해야 한다.

3) 시장에 투자하라

개별종목의 경우 수시로 변화하는 기업 상황을 파악하여 투자결정을 내리기가 쉽지 않지만 업종이나 시장 전체의 성장성을 보고 판단하는 투자결정은 상대적으로 용이하다. 또 개별종목의 경우 상장폐지 등의 위험이 있지만 시장이나 산업 전체를 대상으로 투자하면 통째로 손해나는 경우는 발생하기 힘들다. 개별종목 같은 경우 투자 인내심을 잘못 발휘하면 회복할 수 없는 손실을 보기도 한다. 따라서 ETF나 펀드를 활용하여 시장 전체를 대상으로 투자하는 것이 좀 더 안정적인 투자방법이다.

NH투자증권 100세시대연구소 김진웅 부소장

100세

80세

8

NH투자증권과
함께하는 은퇴백서

60세

40세

노후준비의 방해꾼 ②
자녀결혼비용

[NH투자증권 100세시대연구소 하철규 수석연구원]

대 한 민 국
직 장 인
은 퇴 백 서

가수 김연자의 '아모르 파티'라는 노래에는 "연애는 필수 결혼은 선택, 가슴이 뛰는 대로 하면 돼"라는 가사가 있다. 젊은 세대가 "연애는 필수 결혼은 선택"이라는 가사에 공감하며 신나는 리듬에 맞춰 이 노래를 부르고 있다. 결혼에 대한 생각이 바뀌고 있다. 우리 세대만 해도 결혼은 필수조건이었다. 하지만 이제 결혼은 필수가 아닌 선택사항으로 바뀌었다. 결혼을 할수도 있고 안 해도 그만이라는 생각이다. 한국보건사회연구원의 '2018년 전국 출산력 및 가족보건·복지 실태조사'에 의하면 미혼 남성(20~44세)은 '결혼에 대한 긍정적인 응답'이 절반(50.5%)을 넘은 반면, '해도 좋고 안 해도 좋다'가 39.2%로 나타났다. 미혼 여성은 '결혼에 대한 긍정적인 응답'이 28.8% 수준에 그쳤으며, '해도 좋고 안 해도 좋다'가 절반(54.9%)을 넘는 것으로 나타났다. 여성이 남성보다 결혼에 대한 유보적 응답이 더 높으며, 청년층 전반에 걸쳐 결혼에 대한 유보적 태도가 널리 퍼져 있는 것으로 보인다.

또한 평균 초혼연령은 남자 33.2세, 여자 30.4세로 10년 전에 비해 남자는 1.8세, 여자는 2.1세 상승했다. 안정된 일자리를 구하기 어려워졌기 때문에 취업준비 기간이 길어지면서 직장생활을 늦게 시작하는 것이 가장 큰 배경이며, 신혼집 마련 부담이 증가하여 결혼자금 마련에 더 많은 시간이 필요하게 된 것도 그 배경이 되고 있다. '2019 결혼비용 보고서'에 의하면 신혼부부 한 쌍이 결혼자금으로 쓴 돈은 평균 2억 3,186만 원이었다. 결혼비용 중 가장 큰 비중을 차지하는 것은 신혼집 마련으로 결혼비용의 73.5%(1억 7,053만 원)를 차지했다. 하지만 이는 전국 평균비용으로 KB국민은행 부동산통계에 의하면 2019년 7월 서울 아파트 평균 전세가격은 4억 6,354만 원에 달하며, 신혼부부들이 가장 많이 사는 경기도 지역 아파트 평균 전세가격도 2억 5,000만 원에 달한다. 심각한 수준으로 높아진 신혼집 마련 부담으로 '신혼집은 남자가 마련해야 한다'는 전통적인 견해에 대해 미혼 남성 70.2%, 미혼 여성 72.3%가 찬성하지 않는 것으로 나타났다. 이렇게 신혼 초기 높은 주거비 부담은 자산축적의 기간이 짧은 경우가 대부분인 미혼 남녀의 근로소득으로 감당할 수 있는 수준을 넘어서면서 청년들이 결혼을 미루는 주요 원인으로 작용하고 있다.

신혼집을 제외한 결혼준비 비용은 6,133만 원으로 조사되었는데 예단(1,465만 원), 예식장(1,345만 원), 예물(1,290만 원), 혼수용품(1,139만 원), 신혼여행(488만 원), 웨딩패키지(299만 원) 등이 포함된다. 단 하루의 결혼식에 거의 1년 치 이상의 연봉을 쓰고 있는 셈이다. 기하급수적으로 늘어난 결혼비용, 요즘 청년들은 부모의 금전적 도움 없이는 결혼하기 어려운 게 현실이다. 통계청의 '2018년 사회조사 결과'에 의하면 우리사회의 결혼비용이나 결혼식 문화에 대해 10명 중 7명(70.6%)이 '과도한 편이다'라고 생각하는 것으로 나타났다. 결혼이 "남들이 하는 만큼은 챙겨서 보내야 한다"는 주위의 체면이나 인맥 과시로 여겨지고 과도한 결혼비용 지출로 이어져 우리사회의 대표적인 허례허식 문화가 되고 있다.

노후준비를 하지 못하게 만드는 가장 큰 이유가 자녀 교육비와 자녀 결혼비용 때문이라고 한다. 대학만 졸업하면 바로 취직이 되던 시대와 달리 지금은 취업에만 수년이 걸리고 안정된 직장은 그야말로 구하기가 어렵다. 청년층 취업준비생 절반이 공시생이라는 기현상도 나타나고 있다. 전 세계에서 우리나라처럼 성인이 된 자녀에게 교육비와 결혼비용까지 지원하는 나라는 별로 없을 것이다. 2018년 한국보건사회연구원이 기혼 여성(15~49세)을 대상으로 자녀에 대한 경제적 부양을 언제까지 책임지는 것이 적당한지 조사한 결과, '대학 졸업 때까지'가 10명 중 6명(59.2%)으로 가장 높게 나타났다. 그다음으로 '취업할 때까지'(17.4%), '고등학교 졸업 때까지'(14.7%), '혼인할 때까지'(7.1%)의 순이었다. 부부가 은퇴준비를 할 때 자녀에 대한 경제적 지원은 어디까지 얼마나 해줄 것인지 부부 두 사람의 합의와 결정이 꼭 필요하다. 그리고 자녀와의 대화를 통해 자녀들이 성인이 되었을 때 어디까지 지원해줄 수 있는지 솔직하게 알려주는 것이 좋다.

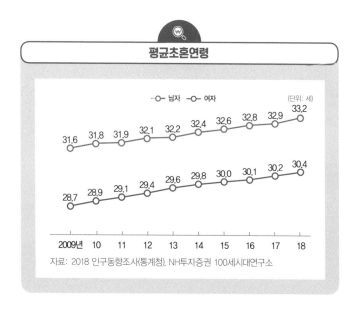

평균초혼연령

-○- 남자　-○- 여자　　　(단위: 세)

남자: 31.6　31.8　31.9　32.1　32.2　32.4　32.6　32.8　32.9　33.2

여자: 28.7　28.9　29.1　29.4　29.6　29.8　30.0　30.1　30.2　30.4

2009년　10　11　12　13　14　15　16　17　18

자료: 2018 인구동향조사(통계청), NH투자증권 100세시대연구소

결혼준비 품목별 지출 비용

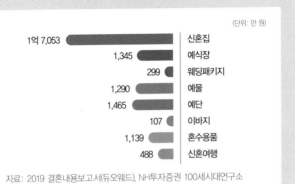

(단위: 만 원)

1억 7,053	신혼집
1,345	예식장
299	웨딩패키지
1,290	예물
1,465	예단
107	이바지
1,139	혼수용품
488	신혼여행

자료: 2019 결혼내용보고서(듀오웨드), NH투자증권 100세시대연구소

시니어 재테크 비밀노트

목적자금 만들기에 좋은 ISA

자녀 결혼비용과 같이 많은 금액이 소요되는 목적자금은 3년 이상 일정 기간을 가지고 별도 계좌를 통해 계획적으로 준비해놓는 것이 좋다. 원래 2018년 말까지만 가입이 가능했으나 일몰기한이 2021년까지 연기된 ISA(개인종합자산관리계좌)는 목돈을 마련하고 목적자금을 관리하기에 좋은 장점들을 가지고 있다. 그 주요 장점 3가지를 살펴보자.

비과세 혜택은 무조건 챙기자

가장 큰 장점은 세제혜택이다. 효율적인 자산관리를 위해서는 세제혜택 금융상품들을 최대한 이용해야 한다. 일반형 ISA는 200만 원, 서민 및 농어민형 ISA는 400만 원까지 비과세 혜택이 주어진다. 만기(일반형 5년, 서민 및 농어민형 3년)가 되어 인출할 때

비과세 한도를 우선 적용해주고, 초과이익이 있을 경우 해당 금액에 대해서 9.9%(지방소득세 포함) 세율로 분리과세를 적용해준다. 연간 2,000만 원 한도로 5년간 최대 1억 원까지 납입이 가능하니 금융상품을 이용할 계획이 있다면 ISA를 우선적으로 활용해보자.

손익통산으로 과세대상을 줄이자

금융투자상품은 변동성을 가지고 있어서 항상 이익을 보는 것이 아니라 손실이 발생하는 경우도 있을 수 있다. 그런데 가입한 금융상품에서 수익이 발생하면 당연히 과세가 되겠지만 손실이 발생한다 해도 손실금액만큼 과세대상금액을 줄여주거나 납입한 세금을 환급해주지는 않는다. 하지만 ISA를 이용하면 계좌 내에서 운용하는 금액 전체를 대상으로 과세가 되기 때문에 손익통산, 즉 수익이 더해져도 손실금액은 감소되어 과세대상을 줄여주고 그만큼 적은 세금을 부담하는 효과를 가져다준다.

다양한 금융상품을 하나의 통장으로 관리하자

ISA는 하나의 통장으로 예적금, RP, 펀드, ETF · ETN, ELS, 리츠 등 다양한 금융상품을 대부분 이용할 수 있기 때문에 관리하기가 편리하고 금융시장의 환경 변화에 따라 적절한 상품으로 교체 매매하기가 쉽다. 또 금융투자상품을 이용할 때는 투자성향을 바탕으로 포트폴리오를 구성해 분산투자를 하는 것이 바람직한데 ISA는 한 계좌 내 다양한 유형의 상품을 담을 수 있으므로 포트폴리오 투자를 편리하게 실행할 수 있다.

NH투자증권 100세시대연구소 하철규 수석연구원

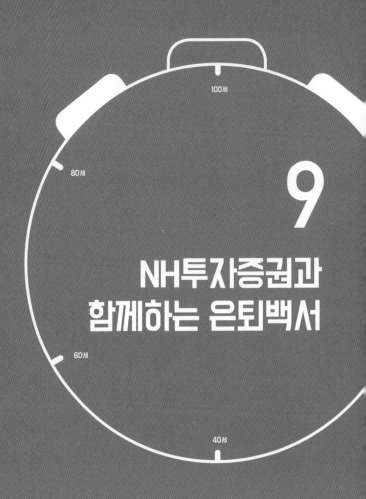

100세

80세

9

60세

NH투자증권과
함께하는 은퇴백서

40세

내 집, 노후자산이 되어줄 수 있을까?

[NH투자증권 100세시대연구소 **김진웅** 부소장]

대 한 민 국
직 장 인
은 퇴 백 서

주택가격의 상대적인 수준을 비교할 때 PIR(Price to Income Ra-tio, 가구소득 대비 주택가격 비율)이 많이 활용된다. 이 PIR은 해당 지역 주택의 중간가격을 가구소득 중간값으로 나누어 구한다. PIR 10은 가구소득을 10년 동안 한 푼도 쓰지 않고 모아야 집을 살 수 있다는 의미이다. 따라서 주택가격 상승이 가구소득 증가보다 높아지면 PIR이 상승하게 되고 주택구입 부담의 증가로 해석할 수 있다. 최근 우리나라 PIR의 상승추세가 심상치 않다. 2018년 10월 기준 전국 주택 PIR은 6.6으로 2014년 말 5.5에서 1.1이나 상승하였다. 지역별로 보았을 때 서울 주택의 PIR 급등에 따른 현상이다. 수요공급의 법칙 관점에서 보면 부동산 수요 특히 서울 지역의 부동산 수요가 공급보다 훨씬 많은 상황으로 볼 수 있다. 이러한 환경이 지속되면 가계자산에서 부동산 비중 또한 높게 나타나고 금융자산과 같은 유동성 비중은 줄어들 수밖에 없다. 2018년 가계금융복지조사에 우리나라 가계자산에서 부동산 등 실물자산 비중은 75%(74.7%)에 달할 정도로 너무 높다. 많은 가계가 가구주(주된 소득원)은퇴 후 유동성 위기에 빠질 확률이 높은 구조로 보인다.

　물론 은퇴 후 부동산을 팔거나 줄여 마련한 현금을 생활비로 쓸 수도 있다. 하지만 주택가격이 마냥 오르거나 나중에 쉽게 팔 수 있다고 확신할 수만은 없다. 일단 주거실태조사에 따르면 주택 자가보유율은 61.1%인데 주택보유에 대한 인식은 82.5%로 훨씬 높다. 잠재적인 수요는 여전히 많다는 말이다. 반면 장기적으로 주택가격에 큰 영향을 미치는 인구구조의 변화도 진행되고 있다. 고령화에 따라 우리나라 생산가능인구(15~64세)는 이미 2018년부터 감소하기 시작했다. 유사한 과정을 겪은 일본 사례에 비춰볼 때 우리나라 부동산 시장도 장기간 하락하거나 조정기에 접어들 확률도 없지 않다. 사야 할지 말아야 할 지 고민거리가 많은 주택구입, 연령대별로 어떻게 접근하는 것이 좋을까?

생애 최초 주택구입 단계, 절대 무리하지 말자

　결혼을 하고 30대 정도에 생애 최초 주택구입을 고민한다. 경제생활을 오래한 것도 아니기에 자산에 여유가 없어 주택구입이 쉽지 않은 시기이다. 보통 대출을 이용해서 집을 구하게 되기 때문에 대출상환능력을 고려해 주택예산을 정하게 된다. 이때 총소득에서 부채 원리금 상환액이 차지하는 비율인 DTI(Debt To Income, 총부채상환비율)를 많이 활용한다. 예를 들어 연소득 5,000만 원인 사람에게 DTI 40%를 적용하면 연간 원리금 상환액이 2,000만 원을 넘지 않도록 상한선을 두는 것이다. 중산층 기준으로 소득에서 다른 부채가 없다는 가정하에 평균생활비를 제하고 남은 비율이 40% 정도다. 이를 실질적인 상한선으로 보고 주택구입 시 너무 무리한 대출은 피하는 것이 좋겠다.

주택확장 단계, 자산 내 부동산 비중 50%를 지켜라

자산이 늘어나고 자녀가 성장하면 더 좋은 지역으로 이사 가거나 집 크기를 늘리고 싶게 된다. 이때 기존 주택대출 상환으로 부채 상환 부담이 줄어들었다 하더라도 부채를 다시 받아 집을 확장하는 것을 지양해야 한다. 부동산은 환금성이 떨어져 유동성 공급이 어렵고, 부채 상환 부담으로 여유자산이 적어지면 자산증대 또한 쉽지 않다. 선진국은 물론 소위 부자로 분류되는 사람들은 부동산 비중을 50% 내외로 가져가고 있다. 일정 수준의 자산이 쌓였다면 주택을 통해 자산을 확대하기보다는 금융투자자산 등을 활용해 자산 늘리기를 고민해보자. 부동산의 지속적인 가격 상승을 확신하기 어려운 상황이라 금융자산 규모를 충분히 만든 후 그에 맞추어 주택 규모를 늘려가는 방법을 추천한다.

노후생활 고려단계, 출구전략은 미리 준비하자

자녀가 독립하게 되면 부모세대는 은퇴를 앞두고 닥쳐온 노후준비가 고민이 되기 시작한다. 자산 내 부동산 비중을 적절히 지켜왔다면 별문제 없겠지만 주택 규모가 필요 이상이라면 출구전략을 미리 생각해두는 것이 좋다. 자녀와 함께 살 계획이 아니라면 적당한 중소형 주택으로 옮기거나 주택가격이 비싼 도심에서 좀 더 외곽 지역으로 옮겨 발생한 차액으로 유동성을 확보하는 것이다. 비싼 집에 살고 있어도 충분한 노후소득이 확보되지 않았다면 '하우스푸어'가 되어 별로 행복한 노후생활이 되지 못할 수 있다. 이사가 싫다면 주택연금을 활용하는 방법도 있다. 주택연금은 보유주택(공시지가 9억 원 한도)에 계속 살면서 부부 모두 사망할 때까지 연금을 받을 수 있어 별다른 소득 없이 부동산 비중이 높은 가구가 활용하기 좋다.

전국 주택 PIR 추이

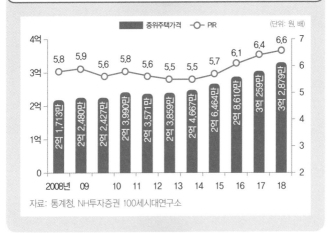

■ 중위주택가격 ─○─ PIR   (단위: 원, 배)

	PIR	중위주택가격
2008년	5.8	2억 1,713만
09	5.9	2억 2,480만
10	5.6	2억 2,427만
11	5.8	2억 3,990만
12	5.6	2억 3,571만
13	5.5	2억 3,859만
14	5.5	2억 4,667만
15	5.7	2억 6,464만
16	6.1	2억 8,610만
17	6.4	3억 259만
18	6.6	3억 2,879만

자료: 통계청, NH투자증권 100세시대연구소

국내 가계자산 구성

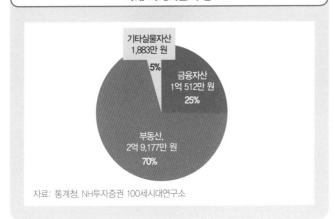

기타실물자산
1,883만 원
5%

금융자산
1억 512만 원
25%

부동산,
2억 9,177만 원
70%

자료: 통계청, NH투자증권 100세시대연구소

시니어 재테크 비밀노트

부동산이 좋다면 리츠(REITs)에 투자하라

건물이나 상가를 사서 임대수익을 받아 여유롭게 사는 임대사업자를 누구나 한번쯤은 꿈꿨을 것이다. 기존에는 은퇴자들을 중심으로 부동산 임대수익에 관심이 많았으나 요즘은 저금리 시대에 마땅한 투자처를 찾기 힘든 30~40대가 부동산에 많이 주목하고 있다. 하지만 부동산은 많은 목돈이 필요하고 자금이 집중되면서 부동산 가치 변동 시 투자위험도 석지 않다. 또한 공실이나 임차인과 갈등 등 고려할 요소도 생각보다 많다. 이러한 단점들을 극복하고 부동산 투자의 장점을 살린 금융투자상품으로는 리츠(REITs: 부동산 투자신탁)가 있다. 리츠는 다수의 투자자들로부터 자금을 모집해 부동산에 투자한 후 발생하는 임대수입 및 매각차익 등을 배당하는 상품이다.

커피 한 잔 값으로 빌딩투자 가능?

리츠 투자의 장점은 우선 배당수익률에 있다. 2018년 국내 리츠의 배당수익률은 연 9.6%로 은행이자 4~5배의 높은 배당수익을 가져다줬다. 다음으로 접근성이 좋다. 부동산 투자 시 목돈이 필요해 접근이 쉽지 않은데 특히 빌딩과 같은 대형우량 부동산의 경우가 더욱 그러하다. 하지만 리츠는 자금을 모집해 투자하기 때문에 커피 한 잔 값으로도 빌딩투자가 가능해진다. 또한 단일 부동산에 투자하는 것이 아니라 다양한 대상에 투자하기 때문에 소액으로도 분산투자 효과를 누릴 수 있다. 유동성(환금성)도 좋다. 부동산의 경우 적합한 상대방이 나타나기까지 시간과 비용이 많이 소모되지만 리츠는 원하는 시점에 간편하게 매매할 수 있다. 부동산 직접투자에 비해 유동성이 매우 높아 은퇴형 상품으로 이용하기에도 적당하다. 물론 투자위험이 전혀 없지는 않다. 부동산 시장이 침체하거나 금리가 올라가면 수익률이 떨어질 수 있다. 또 직접투자보다는 덜하지만 공실 리스크도 존재해 수익에 영향을 주게 된다.

리츠의 다양한 투자방법

리츠는 국내 및 해외 주식시장에 상장된 리츠주식에 직접 투자하거나 리츠펀드나 ETF에 간접투자하는 방법으로 분류된다. 국내 상장리츠는 주식시장에서 일반주식처럼 쉽게 거래할 수 있으나 리츠에 따라 배당수익률이 차이가 있고 거래량이 적을 수 있어 선별적인 투자가 필요하다. 해외리츠는 여러 가지 리츠가 상장되어 있는 만큼 다양한 투자기회를 제공하지만 매매차익에 양도소득세가 적용되고 환율리스크도 고려해야 한다. 투자경험이 적다면 리츠펀드나 ETF를 통한 간접투자를 추천한다. 전문가가 전 세계 다양한 리츠로 분산투자하기 때문에 위험관리에 유리하기 때문이다.

100세

80세

10

NH투자증권과
함께하는 은퇴백서

60세

40세

하우스푸어의 노후 반전,
주택연금

[NH투자증권 100세시대연구소 **지진선** 수석연구원]

대 한 민 국
직 장 인
은 퇴 백 서

공식 기록상 122년 164일을 살아 최장수로 기네스북에 오른 프랑스 여성이 있다. 바로 잔 루이스 칼망 할머니인데, 생전에 그녀는 재미있는 내기를 했다.

잔 칼망은 동네 변호사에게 아파트를 팔기로 했는데 매매 조건은 그녀가 살아 있는 동안 매달 2,500프랑(약 50만 원)을 변호사가 지불하는 대신 그녀가 죽은 다음 주택 소유권을 넘겨받기로 한 것. 당시 잔 칼망의 나이는 90세, 변호사는 47세였기 때문에 변호사는 좋은 조건이라 생각했다.

그러나 변호사의 예측은 보기 좋게 빗나갔다. 1995년 변호사가 77세로 사망했을 당시 잔 칼망은 120세의 나이로 여전히 정정했다. 변호사가 30년 동안 매달 2,500프랑을 꼬박 낸 돈을 전부 합치면 집값의 두 배가 넘었고, 주택 소유권을 넘겨받기 위해 변호사의 가족들은 2년 뒤 잔 칼망이 사망할 때까지 매달 약속한 금액을 지불해야 했다.

노후준비에 있어서 이 에피소드의 교훈을 얻어보자면 노후준비 기간을 통계상의 평균 나이 기준으로 생각하면 안 된다는 점, 노후생활에는 목돈보다 현금흐름이 중요하다는 점, 집 한 채가 노후의 큰 자산이 될 수도 있다는 점이다.

먼저 우리는 얼마나 긴 인생을 살아갈지 생각해봐야 한다. 보통 기준으로 삼는 기대수명은 사고나 질병 등 조기 시망의 경우를 포함하고 있어 실질적인 장수 추이를 확인하려면 '최빈사망연령(연간 많이 사망하는 나이)'을 살펴봐야 한다. 국내 최빈사망연령은 2025년 90세에 이를 것으로 예상되므로 현재를 살아가는 중장년층의 수명은 최소 90세 이상을 노후준비의 기준으로 삼는 것이 좋다.

그렇다면 경제적 수명은 어떨까? 50대가 예상한 은퇴 시점은 64.5세이지만 고령층(55~64세) 인구가 실제로 '가장 오래 근무한 일자리를 그만둔 연령'은 평균 49.4세다. 50대 이상이 예상한 은퇴 후 생활비인 부부 기준 244만 9,000원을 적용하면 은퇴 예상 시점과 실질 퇴직 연령의 노후준비금의 차이는 4억 4,000원이다. 시점을 더 확장하여 실제 퇴직 후 최빈사망연령까지의 노후준비 금액을 계산해보면 필요 금액이 상당하다는 것인데, 노년 가구의 은퇴준비 현황은 긍정적이지는 않다. 노후준비에 있어 가장 중요한 것은 직장에서 월급을 받듯 안정적인 현금흐름을 만들어내는 자산구조를 만드는 것이다. 그러나

만 60~84세 일반 노년가구의 보유자산 중 주택이 차지하는 비중은 75.1%로 절대적이다. 금융자산은 13.4%에 불과하다.

따라서 이러한 자산구조에서 노후준비를 위해서는 주택의 활용은 불가피하다. 주택을 활용해 현금흐름을 만들어낼 수 있는 가장 좋은 방법 중의 하나가 바로 주택연금에 가입하는 것이다.

주택연금은 주택 소유자가 보유한 주택을 담보로 금융기관으로부터 노후생활자금을 매월 연금방식으로 지급받는 역모기지론 제도다. 일종의 대출이지만 주택연금의 연금 지급을 국가가 보증하므로 지급 중단 위험이 없고, 부부 중 한 명이 죽은 후에도 연금 감액 없이 100% 동일 금액의 지급을 보장하는 장점이 있다.

주택연금은 주택 소유자나 배우자가 만 60세 이상이면서 부부 기준 9억 원 이하의 주택을 소유하면 신청 가능하다. 단 부부 중 한 사람은 대한민국 국민이어야 하고 해당 주택에 실제로 거주해야 한다. 9억 원 초과 2주택자는 3년 이내 한 주택을 팔면 신청이 가능하며, 다주택자라도 합산가격이 9억 원 이하면 가능하다.

2019년 11월 정부는 주택연금이 실질적인 노후 보장 방안으로 활용할 수 있도록 최저 가입연령을 현행 60세에서 55세로 낮추기로 하였다. 또한 주택가격도 시가 9억 원에서 공시지가 9억 원으로 완화할 예정이다. 공시가격이 일반적으로 시세의 70%의 안팎이라는 점을 감안하면 시가 13억 원 안팎의 주택을 보유한 사람도 가입이 가능할 전망이다. 다만, 주택가격 9억 원 초과 시 지급액은 시가 9억 원 기준으로 제한한다.

2018년부터 실거주 요건도 다소 완화됐다. 금융위원회는 서울주택도시공사와 협력해 요양 입소, 자녀 봉양을 위한 이사 등 불가피한 사유가 생기는 경우 연금에 가입한 주택을 전부 임대할 수 있다. 예를 들어 65세에 5억 원의 일반주택으로 연금을 들었을 경우 매달 120만 8,000원의 월 지급금을 수령하고, 추가 임대수익까지 받게 되는 방식이다.

생애주기이론에 따르면 은퇴가구는 자산을 현금화하여 여생 동안 소비하고 이를 통해 효용을 극대화한다. 은퇴 가구 보유자산 중 거주 주택은 여생 동안의 주거 안정을 위해 가장 늦게 현금화하는 것이 일반적이다. 이러한 의미에서 주택연금은 자산을 현금화하는 과정에서 발생하는 불확실성을 낮추고 은퇴가구의 소비효용을 극대화할 수 있는 최선의 선택이라고 할 수 있다.

한국의 고령화 속도는 유례없이 빠르고, 이로 인한 사회적 위기감이 확산되는 가운데 전통적 부양의식 약화로 고령층 빈곤과 공적 부양의 필요성이 부각되고 있다. 공적 노령연금이 부족한 한국에서 주택연금은 금융상품이지만 연금 수령을 통한 소득보장 효과와 더불어 주거 안정 기능까지 기대할 수 있어 노령연금의 보완재적 성격을 보이는 효과적인 제도라고 할 수 있다.

일부 자녀와의 상속 문제로 갈등이 있기도 하지만 초장수 시대에는 자녀와 부모가 함께 늙어가기 때문에 부모 사후 주택을 상속받는 것이 자녀 경제력에 큰 도움이 되지 않을 수 있다. 차라리 과거보다 길어진 부모 봉양의 경제적 책임을 주택연금이 덜어주는 부분에 주목해야 할 것이다.

주택연금은 2019년 10월 기준 가입자가 7만여 명(69,191명)에 육박하며 빠르게 증가하고 있다. 주택연금제도의 혜택을 보다 많은 사람들이 실질적으로 누릴 수 있도록 신속한 제도 개선 결정과 실행이 필요한 시점이다.

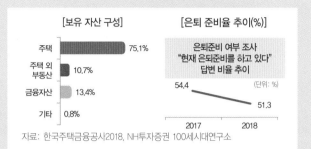

일반 노년 가구 보유자산구성과 은퇴준비율

[보유 자산 구성]

주택	75.1%
주택 외 부동산	10.7%
금융자산	13.4%
기타	0.8%

[은퇴 준비율 추이(%)]

은퇴준비 여부 조사
"현재 은퇴준비를 하고 있다"
답변 비율 추이

(단위: %)

54.4

51.3

2017   2018

자료: 한국주택금융공사2018, NH투자증권 100세시대연구소

주택연금 월지급금 예시

※ 일반주택(종신지급, 정액형, 2019. 3. 4 기준)   (단위: 1,000원)

주택가격	60세	65세	70세	75세	80세
1억 원	198	241	298	375	482
2억 원	397	483	597	750	964
3억 원	595	725	895	1,125	1,446
4억 원	794	966	1,194	1,501	1,928
5억 원	993	1,208	1,492	1,876	2,410
6억 원	1,191	1,450	1,791	2,251	2,892
7억 원	1,390	1,692	2,090	2,626	3,374
8억 원	1,588	1,933	2,388	3,002	3,384
9억 원	1,787	2,175	2,687	3,055	3,384

*주택가격은 '한국감정원 인터넷 시세' 'KB국민은행 인터넷 시세' '국토교통부에서 제공하는 주택공시가격', '공사와 협약을 체결한 감정평가기관의 최근 6개월 이내 감정평가가격'을 순차 적용하며, 한국감정원 시세는 중간값, KB시세는 일반평균값을 기준으로 담보주택가격이 결정됨

자료: 한국주택금융공사, NH투자증권 100세시대연구소

시니어 재테크 비밀노트

주택연금, 이래서 망설여지는데 괜찮나요?

Q 주택연금에 가입하면 주택의 소유권을 상실하게 되는 건가요?

A 주택연금을 가입해도 주택의 소유권은 가입자에게 있기 때문에 주택의 사용과 처분에 대해서는 가입자가 자유롭게 결정이 가능합니다. 다만, 주택연금으로 인해 발생할 대출채권을 확보하기 위해 해당 주택에 대해 1순위 근저당권을 공사에서 설정하게 됩니다.

Q 주택연금 가입 후 가입자가 사망했습니다. 집은 그냥 넘어가게 되는 건가요?

A 주택 소유자가 사망하더라도 그 배우자가 사망할 때까지 계속해서 주택 소유자와 동일한 주택연금을 지급받을 수 있도록 '부부 모두 종신보장'을 원칙으로 설계되었습니다. 또한 가입자 및 배우자 모두 사망 시 주택연금 잔액이 주택매각대금보다 많을 경우에도 차액을 청구하지 않습니다. 주택연금 잔액이 주택매각대금보다 적을 경우 그 차액은 자녀 등 상속인이 수령할 수 있습니다.

Q 주택가격이 하락하는 경우 연금이 줄어드나요?

A 주택연금 가입 후 주택가격이 하락해도 가입 당시 정해진 금액을 배우자와 같이 평생 보장받을 수 있습니다. 반면에 주택가격이 상승해도 월 지급액은 높아지지 않습니다. 최근 서울 주택가격이 가파르게 상승하자 주택연금 중도해지도 많아졌습니다. 중도해지는 가능하지만 해지 후 같은 주택으로 재가입할 경우 3년이 경과해야 가입할 수 있습니다.

Q 주택연금도 일종의 역모기지론인데, 일반 역모기지론과 어떻게 다른가요?

A 주택연금은 사망 시까지 지급하는 종신형이 원칙이고 가입자의 평생 거주를 보장하는 반면, 민간 역모기지론은 만기(1~30년)가 정해져 있어 대출 기간 종료 후 가입자는 강제 퇴거 및 주택 경매 위험에 처해지는 거주 불안정 우려가 있습니다. 경매 후 손실이 발생하더라도 주택연금은 원칙적으로 가입자 및 상속자에게 손실을 청구하지 않지만, 민간 역모기지론은 가입자의 다른 새산에 대히 채권행사를 진행합니다.

Q 그래도 대출인데, 금리가 오르면 주택연금에 가입한 사람들이 손해를 보는 것은 아닌가요?

A 주택연금 가입 후 금리가 오르더라도 기존 가입자의 월 지급금은 변동 없이 가입 당시 정해진 금액을 평생 보장받을 수 있습니다. 주

택연금대출에 따른 이자는 가입자가 직접 현금으로 납부하는 것이 아니고, 매월 주택연금대출잔액에 가산되는 형태입니다. 2019년 4월 주택연금 적용금리는 2.88% 수준으로, 은행권에서 우량고객에게 제시하는 주택담보대출금리보다 낮습니다.

NH투자증권 100세시대연구소 지진선 수석연구원

Aging trend를 리드하는
♨ NH투자증권 100세시대연구소

NH투자증권 100세시대연구소는 생애자산관리 리서치와 금융투자교육뿐만 아니라 일, 건강, 여가, 관계 등 행복한 100세 시대를 위해 모든 정보를 공유하는 Total Platform입니다.

전 세계적으로 빠르게 진행되는 고령화. 이제 100세 시대는 꿈이 아닌 현실입니다. 기대수명 연장에 따른 한 번도 경험하지 못한 경제적&사회적 변화 속에서 NH투자증권 100세시대연구소는 한 발 앞서 인생후반전의 의미 있는 인사이트를 제공하고자 합니다. 누구에게나 행복한 100세 시대를 만들어가기 위한 연구와 노력은 오늘도 계속됩니다.

■ 100세시대연구소의 다양한 활동

**라이프 주기별
맞춤 컨설팅**

노후를 대비한 은퇴 컨설팅은 물론 자산관리 컨설팅, 재무 컨설팅, 세무 컨설팅, 부동산 컨설팅 등 생애 전반에 걸친 풍요로운 삶을 맞춤·설계해 드립니다.

**노후생활의
가이드 제공**

서울대학교와 함께 하는 100세시대 인생대학, 100세시대아카데미, 매거진 THE 100 간행물 발간 등으로 활기찬 노후 생활의 가이드가 되어 드립니다.

**탄탄한 100세시대
상품 추천**

퇴직연금(DB/DC/IRP), 개인연금 등 연금 자산의 진단 및 설계, 그리고 적합한 상품 포트폴리오를 통해 든든한 노후를 맞을 수 있게 도와드립니다.

🏵 NH투자증권 100세시대연구소의
다양한 콘텐츠를 쉽고 빠르게 만나보세요

■ 100세시대연구소 홈페이지   www.nhqv.com/the100

■ 100세시대연구소 네이버 포스트

방법1

'NH투자 증권 포스트' 검색 ▶ '시리즈' 클릭 ▶ '100세시대 연구소' 클릭

방법2 QR코드를 스캔해주세요 바로 연결됩니다

100세시대연구소

NH투자증권&매경이코노미와 함께하는

대한민국 직장인 은퇴백서

초판 2쇄 2019년 12월 30일

지은이 NH투자증권 100세시대연구소

책임편집 권병규

마케팅 김형진 이진희

펴낸곳 매경출판(주) **펴낸이** 서성희

등록 2003년 4월 24일(No. 2 - 3759)

주소 (04557) 서울시 중구 충무로 2(필동1가) 매일경제 별관 2층 매경출판(주)

홈페이지 www.mkbook.co.kr

전화 02)2000 - 2631(기획편집) 02)2000 - 2645(마케팅) 02)2000 - 2606(구입 문의)

팩스 02)2000 - 2609 **이메일** publish@mk.co.kr

인쇄 · 제본 (주)M - print 031)8071 - 0961

ISBN 979-11-6484-063-2(03320)

이 도서의 국립중앙도서관 출판예정도서목록(CIP)은 서지정보유통지원시스템 홈페이지(http://seoji.nl.go.kr)와
국가자료공동목록시스템(http://www.nl.go.kr/kolisnet)에서 이용하실 수 있습니다.

(CIP제어번호: CIP2019048298)